高学歴難民

阿部恭子

講談社現代新書
2722

はじめに

学歴の賞味期限

学歴はあるけれど、賞味期限が切れていて買い手がつかない？　一時はエリートと呼ばれ、順風満帆な人生を歩んでいたかと思えば、30歳を過ぎてもまだ無職……。長年の努力は評価してもらえず、居場所を求めてさまようことになってしまった「高学歴難民」。

法科大学院などの専門職大学院への進学や海外留学は、一見、カッコよく思われますが、むしろ就職の機会を逃し、高学歴難民を生み出してしまうこともあります。

学歴は、称号として経歴を飾るどころか、「烙印」にさえなりうるのです。学歴社会が崩壊に向かう現代、ありすぎる学歴はむしろ成功を遠ざけるのでしょうか。

炊き出しの列に並ぶ貧困生活、精神を病んで入院、犯罪に手を染めて刑務所……と、本書は、想像もできない波乱万丈な人生を送る高学歴難民の実態に迫るものです。

私は2008年、大学院在学中に、あらゆる支援の網の目からこぼれるマイノリティ（社会的弱者・少数者）の調査、研究、支援を目的とした団体（ワールドオープンハート）を設立し、日本社会で可視化されずにいた「加害者家族」の実態調査と支援活動を中心に取り組んできました。加害者家族は、身内の事件により、仕事や住まいを失い、孤立を余儀なくされているにもかかわらず、他のマイノリティのような支援の動きや権利擁護のムーブメントは起こりませんでした。それは、身内が罪を犯した罪責感から、当事者自ら声を上げることができず、連帯が生まれなかったからです。

苦境に立たされている高学歴難民もまた、現状を恥だと感じるゆえにSOSの声を上げることが難しく、同情されるどころか時には嫉妬され、さらなる窮地に追い込まれている人々が後を絶ちません。

私はこれまで、100人以上の高学歴難民から相談を受け、就労支援をしてきました。生活に困窮し、精神のバランスを失い、孤立せざるを得ない高学歴難民は、現代の新しい社会的弱者といえます。

人生に迷ってしまった人々のために

近年、高学歴ワーキングプアが社会問題になりました。その背景には、日本社会が高度な専門性を有する人々を活かしきれていない現状があることは言うまでもありません。しかし、社会や制度が変わるには時間を要します。率直に、社会の変化に期待し続けることは、さらなる難民生活の長期化を招くだけです。状況を変えようとするならば、まず変化を求めなければならないのは、自分自身かもしれません。

本書の目的は、教育や雇用を巡る社会的議論を展開することではなく、高学歴難民やその生活を支える家族の視点から、教育の意義や社会の課題、そして、個人の幸福について考えることにあります。

本書で紹介する高学歴難民の事例では、生まれ育った時代背景、家庭環境、地域の実情や個人の価値観、さらには心の闇にまで可能な限り焦点を当てました。今まさに、難民生活の出口を探しているという方、家族やパートナーの難民生活を支えているという方、これから大学院進学を考えている方にとっても、キャリアという枠を超え、この先の人生を考える参考にしていただければ幸いです。

　学歴社会は変化していても、学歴社会で育ってきた人々の中には、未だに根強い学歴信仰が残存しています。現在、日本で起こる殺人事件の約半数は、家族間で起きていますが、進路を巡る親子の対立から生じる事件が絶えない背景には、親の学歴偏重主義が隠れていることがあります。

　学歴は、子ども時代を犠牲にしてまでも手に入れなければならないものなのでしょうか。子どもや教育に関わる方々にも、ぜひ読んでいただきたいと考えています。

　本書の登場人物はすべて仮名で、個人が特定されることのないよう一部エピソードに修正を加えています。

目次

序章　犯罪者になった高学歴難民

高学歴難民と犯罪

皆さんは、「犯罪者」と言うと、どのような人々を想像するでしょうか？　おそらく、犯罪から連想するのは貧困や暴力であり、高学歴な人々による犯罪と言えば、汚職事件など特殊なケースを思い浮かべる人が多いかもしれません。

ところが、加害者家族の支援を通して、生活困窮や社会的孤立により、振り込め詐欺や窃盗に手を染めた犯罪者の中にも高学歴の人々が存在する事実に衝撃を受け高学歴難民の実態を追い続けてきました。

長年、苦労して手に入れたはずの学歴を前科で汚さなくてはならなくなるまで、難民生活の中で何が起きていたのでしょうか。一見、学歴と無関係と思われる事件の背景に浮かび上がる高学歴難民ならではの「病」とは？

転落の人生に迫りたいと思います。

これ以上、家族に迷惑を掛けられないと「振り込め詐欺」に加担
――佐藤孝志（30代）

妻にそろそろ子どもが欲しいって打ち明けられたとき、僕にはまだ自信がないとは言えませんでした。

「いつまで待てばいい？」

と迫られ、〇年後には就職してると約束もできないし、彼女に任せるしかなかったんです。もちろん、絶対に幸せにしたいとは思っていましたが、結果、こんなことに……。

当時、僕は文系の大学院の博士課程を修了し、大学の非常勤や専門学校の講師を掛け持ちしていました。月10万円程度の収入しかなく、生計は妻の収入に頼っていたのです。年齢的にもそろそろ子どもが欲しいと妻にせがまれ、妊娠し、無事、子どもが生まれました。

ところが、妻は産後、精神的に不安定になることが多く、僕が働いている間も頻繁に電話がかかってくるようになりました。

妻は寝込むようになり、僕はしばらく、論文を書きながら子どもの面倒を見なければならなくなりました。家計が逼迫《ひっぱく》しているのに、アルバイトを増やすことも難しい……。

短期で高収入のアルバイトがないか探していたところ、見つけたのが振り込め詐欺だったんです。最初から、リスクが高いのは百も承知でしたが、もう、賭けに出るしかなかったんです。

当時の僕は、育児ノイローゼのような精神状況で、判断能力は落ちていたと思います。言われた通りの仕事をして80万円くらいもらいました。すぐ携帯電話を解約して、半年間は何事もなく生活していたんです。ようやく逃げ切れたのかと思っていた頃、警察官が自宅に訪ねてきました。

騙して得たお金はすでに生活費に使用していたので返金の目途は立たず、僕の加わったグループの被害総額は３００万円くらいにのぼったので、実刑判決を受け、１年半刑務所で服役しました。

妻は、僕が事件を起こしたのは「無理をさせた私のせいだ」と自分を責めていましたが、愚かな自分が犯した罪です。それでも妻は待っていてくれたので、現在は知人の会社で働かせてもらい、家族3人幸せに暮らしています。

まるで、何事もなかったかのような幸せな日々が続いていますが、それだけに、我が子を犯罪者の子どもにしてしまった罪悪感に苛《さいな》まれ、眠れなくなる日があります。どれだけ後悔しても、消せない過去です。

あの時、率直に妻に不安を伝え、実家の家族に協力を頼むべきでした。しかし、収入がない、情けない状況だということを彼女の両親に知られるのが嫌で、見栄を張ったところもあります。

高学歴難民の皆さん、薄給でも別に悪いことをしているわけではないのだから、困ったときは、見栄を張らずに家族と相談するべきです。

言うは一時の恥、言わぬは一生の罪になります。

悩みを共有できる人がおらず「万引き依存症」に

――佐々木冴子（30代）

私の専攻は日本文学で、都内の私立大学に入学し、そのまま博士課程まで進学しました。博士課程の学生は私ひとり。修士課程の学生は全員社会人入学で、研究職を目指すというより、趣味で勉強している学生ばかりでした。

同世代の友達は仕事をしているし、年を取るごとに周囲と壁ができてきた感じです。私は元々社交的ではないし、人と関わるよりひとりでいる方が楽だと思っていたのですが、本当にひとりぼっちになってしまうと、そうも言っていられなくなるものなのですね。

私は比較的裕福な家庭で育ち、学費も家族が負担してくれていたので、幸い経済的には問題がありませんでした。ところが、つい魔が差して手を染めた万引きがいつの間にか止められなくなってしまったんです……。

5～6年前、まだ私が精神的に健康だった頃、ある教員が万引きで逮捕され、大学中で噂になっていたことがありました。いい年をして万引きなんかですべてを台無しにして、なんて馬鹿なんだろうと、当時の私にはまったく理解ができませんでした。犯罪者なんて、私には一生、縁のない存在だと思っていましたから。

ところがいざ自分が逮捕され、犯罪者になった瞬間、私は孤独から解放され、人間性を取り戻したように感じたのです。誰とも話をしない日が続いていたので、取り調べさえ楽しい時間でした。

恥ずべきことをしたのは百も承知ですが、私にとって万引きはSOSでした。孤独で、出口が見えない苦しさを、誰に何と伝えればいいのか、わからなかったのです……。治療で自助グループに参加するようになり、仲間や頼れる専門家と知り合うようになって生き方が楽になりました。

最近は、研究の悩みについて、相談できる人が身近にいなくても、SNSの仲間で共有できるようになりました。私たち高学歴難民はマイノリティですから、仲間や共感してくれる人とどうつながっていくかが、生き残るための課題でしょうね。

「俺を見下した奴は死刑！」ネットでの脅迫を繰り返す

――今井翼（20代）

あいつら（高学歴難民）はマジでヤバイです。切れたら何するかわからない。僕、本当に清水陽介（30代）に殺されるかと思いましたから……。

僕と清水はSNSの友人で、面識はありませんでした。専門は異なりますが、同い年でお互い高学歴難民だったので、いろいろ情報交換している仲間のひとりでした。有名国立大学出身の清水は、僕よりずっと高学歴でしたが、SNSのグループの中でもなかなか就職が決まらないままでした。

清水は攻撃的なところがあって、彼の意見に反論すると執拗に絡むんですよ。それがウザくて、清水の投稿に対してコメントする人はだんだんいなくなっていきました。

僕が投稿した内容について、清水がコメントしてくれたことがあったのですが、その内容が明らかに間違っていたので、その旨、訂正してほしいとコメントを返したんです。

すると、自分のコメントは間違っていないと返信がきました。僕の方が詳しい分野の内容だし、清水のコメントは誰が見ても事実と違うと反論すると、間違いを指摘されて悔しかったのか、「勉強不足」「浅知恵」などと個人攻撃を始めました。

さすがにこれにはカチンと来て、僕はつい、「だから就職決まんないんですよ。こんなことしている時間あったら、とっとと論文書いたらどうですか???」と、皆が思っていても口にしなかった言葉をぶつけてしまったんです。

案の定、僕のコメントにブチ切れた清水は「おい、謝れ!」と絡み始めました。僕はもう相手にしていられないと、それ以上のコメントは控えました。

しばらくして、投稿を確認すると、「逃げるなよ」「負け犬」「卑怯者」などと、清水による何十件もの書き込みが並んでいたのです。背筋がぞっとしました……。僕はもう何を言われようが無視することにしました。

すると、今度は個人のダイレクトメッセージに、

「俺を見下した奴は死刑!」「謝罪がなければ殺す!」

と数分おきにメッセージが入るようになりました。マジ、頭おかしいですよ。ブロックする間に、50件近くの脅迫文が入ったんですから。

気が付くと、携帯に知らない番号から着信が来ていたので折り返すと、

「貴様、俺から逃げられると思うなよ！　謝れ！　謝れ！　謝れ！」

と、電話の相手は清水だったんです……。

夜中だったし、１１０番しようか迷いました。自宅まで調べ上げて乗り込んでくるんじゃないかと不安で、この日は一睡もできませんでした。

清水の投稿はいつも夜中なんですよ。高学歴難民にありがちですが、昼夜逆転ですね。やっぱり精神衛生上あまりよくないですよね。

いや、たかがネットでの喧嘩ですが、僕は本名を名乗ってしまっていて、探せば就職先に辿り着いてしまうわけですよ。職場にまで嫌がらせが来るようになると困るので、翌朝、警察に相談に行きました。

携帯の電源を入れた途端、バッテリーが凄い勢いで消耗して、留守電がパンクしていることに気が付きました。

送りつけた脅迫文の多さと「殺す」「火つけてやる」といった明らかな脅迫行為により、清水は即逮捕になりました。警察官もドン引きしていたほどです。

しばらくして、清水の弁護士から示談の申し出がありました。「反省している」とのことでしたが、大した罪にはならないでしょうし、報復されたらやだなと心配でした。

少し考えさせてほしいと言ってから数日後、清水が亡くなったという連絡が入りました。自殺のようです……。気の毒だとは思いますが、だからと言って他人に何をしてもいいわけじゃない。僕はしばらく携帯を見るのが怖くなったし、知らない番号からの電話は今でも取りません。

高学歴難民には変わった人が多いですが、清水みたいなタイプと揉めると大変です。些細なことでも一生根に持ちそうだし、適当にゴマすっとくしかないですね。まあ、関わらないのが一番！

触らぬ神に祟りなし。皆さんもこじらせ高学歴難民の被害者にならないよう気を付けてください。

「自分だけ幸せになるなんて許せない」突然ストーカーに豹変

――三浦百合（30代）

鈴木誠（30代）とは友達の紹介で知り合いました。当時、女友達は皆、結婚してしまったので、私も結婚相手を探していたんです。誠はポスドクの身分でしたが、私は看護師をしていて給料もあるし、誠の研究には興味があったので、結婚を前提にお付き合いを始めたんです。

ところが煮え切らないのは誠の方で、私は30代で子どもを産みたいし、もう待てないと別れを切り出したんです。誠はそれなら仕方がないと、それ以上、何も言いませんでした。

私は心のどこかで、「わかった、じゃ、結婚しよう」と言ってくれると信じていたのに……追いかけてきてくれることはありませんでした。3年半くらいのお付き合いだったと思います。

私は半年後、ようやく新しい交際相手を見つけることができ、1年後に結婚しました。相手は病院で知り合った医師です。

ある日突然、私が勤務している病院に私を誹謗中傷する内容の手紙が届きました。そこには、私が不倫をしているなどといったありもしない内容が書かれていたのです。嫌がらせの手紙は、職場だけでなく自宅にも届くようになりました。私は、犯人は夫の関係者じゃないかと疑っていました。しかし、夫は全く心当たりがないと言うし、確かに堅物で、女性とトラブルになるような人ではなかったのですが……。

無言電話もかかってくるようになり、警察に相談しようか迷っていたところ、近所の方が、

「ポストにこんなものが……」

といきなり訪ねて来られたんです。そのビラには、私を中傷する内容が書かれていました。

「誰がこんなこと！」

私は驚きました。

「男の人みたいよ。昼間にうろうろしている人を何人かが見てるから。早く警察に相談した方がいいですよ」

私たちは弁護士に相談し、探偵に依頼することにしました。すると、すぐに自宅付

近によく現れている人物が特定されたのです。その人物は、誠だったのです。夫は元恋人のストーカー行為に対して、甘い対応はしないほうがいいと言い、私は警察に行くことにしました。別れを切り出しても何も言わなかった誠がなぜ、1年半も経ってからこんなことをするのか、その理由を知りたいと思いました。

弁護士の話では、誠は私に対し「自分だけ幸せになるなんて許せなかった」と話していたそうです。事件を起こす前の彼は、精神のバランスを崩していて、仕事にも行っていなかったようです。釈放された後、彼は自ら命を絶ちました。

夫には言えませんでしたが、私はとてもショックでした。あの時、別れるなんて言わずに、側にいてあげたらよかったのに……と、今でも後悔が込み上げてくることがあります。不器用で、プライドが高い誠の性格を理解してあげられる人はそういないでしょう。ひとりにさせてはいけなかったんです。後悔してもしきれません……。

「未来を奪ってやりたい」子どもへの強制わいせつ「驚愕の動機」

――瀬川卓（40代）

可愛さ余って憎さ百倍とはこういうことなのでしょうか。彼（被害者）は、僕をとても慕ってくれている生徒のひとりでした。

僕は当時、学習塾の講師をしていました。父親の影響で官僚になるのが目標だったのですが、試験に合格できないまま、仮面浪人のような形で大学院に進学し、博士課程まで残っていました。

研究職にもつけないまま、高学歴難民の受け皿といったら学習塾くらいです。一応、生徒からの評判は良く、やりがいがないわけでもありませんでしたが……、40代になって急に空しく感じられるようになったんです。

子どもたちは可愛いけれど、次々と有名校に合格し、華々しい未来への切符を手にしていくわけです……。僕が手に入れられなかった社会的地位をいずれ彼らは手にするのかと思うと、嫉妬に駆られる瞬間が増えていたかもしれません。皮肉にも僕は、難関校に何人も合格させてきたので、目標の高い子しか受け持つことはありませんでした。彼もエリート意識の高い子どもで、褒めるととても喜び、僕に完全に懐《なつ》いていました。「同じ年の子は全員ライバル！」彼はそう言って友達を作ろうとせず、塾では孤立していました。

僕は彼だけ特別に、一緒に帰宅したり、プライベートでも電話やメールをしたりしていました。可愛いと思う瞬間もないわけではないのですが、

「先生、ありがとうございます。偉くなったら必ず御礼しますから」

といった強気の発言に、生意気だと腹が立つことがよくありました。クラスメートからは間違いなく嫌われるタイプだと思います。

僕はバイセクシャルで、当時、性的な興奮を覚えるのは女性より男性だったかもしれません。彼が完全に僕を信頼しきったと思った頃、僕は彼に友情の印だと言ってスキンシップを強要しました。彼は戸惑っていましたが、恥ずかしいと言うので、僕は

「わかったよごめんね」と言ってそれ以上無理強いはしませんでした。

それから、彼からの電話やメールは一切無視し、塾でもできるだけ目を合わせないようにしていました。すると、

「先生、この間のこと、すみません……。また、仲良くしてほしいんですが……」

と、途端に彼は許してほしいと泣きついてきたのです。思うつぼでした。それから彼は、僕の言いなりになりました。

性的関係を重ねるうち、彼はまるでペットのように従順になり、これまでのように、僕を見くびった態度はとらなくなりました。

僕のクラスの中で彼の成績はダントツで、授業後に行う確認テストでは、いつも一番早く問題を解いて得意げに僕に見せていました。そんな彼が、授業中、集中力を欠くようになり、自信たっぷりだった表情に陰りが見えるようになりました。そして受験まであとひと月という追い込みの時期から授業に来なくなってしまったのです。

そして、彼の第一志望の高校の合格発表の日、彼の名前はなかったと、他の生徒から聞きました。まさかと思いましたが、彼は第一志望の高校受験に失敗したのです。

「ざまあみろ」

残酷にも、僕は心の中でそう呟いていました。

もし合格していたら、彼も秘密を守ったのかもしれませんが、僕は訴えられ、逮捕され、刑務所に入ることになってしまいました。

犯行動機について裁判では、

「慕ってくれる生徒だったので可愛くて……」

と供述していますが、本心ではありません。彼に愛情を感じたことは一度もありませんでした。それでも、彼の両親もいる前で、「憎かった」と言葉にすることはできなかったんです。

僕の罪は小児性愛者による快楽的犯行として裁かれましたが、僕は違うと思っています。僕は快楽を求めていたわけではなく、将来の可能性ある子どもに嫉妬し、未来を奪ってやりたいと思ったのです。

面会に来てくれた親友でもある同僚にだけは、胸の内を明かしました。すると、

「正直、お前の気持ち、わからないわけではないんだ……」

そう言って、一緒に泣いてくれました。

ルサンチマン（恨みや妬み）を抱えた高学歴難民は、子どもに関わるべきではないのかもしれません。

困窮型と支配型

これまで私が関わった高学歴難民による事件を見ていく限り、難民生活の長期化で疲弊した末、追い詰められて犯行に及ぶ「困窮型」と、満たされない社会的承認欲求を他人を支配することで満たそうとする「支配型」に分けられると考えています。

経済的困窮のみならず、佐々木冴子さんのように社会的孤立から精神を病み、犯罪に手を染めてしまうケースもあります。佐々木さんのように、仲間を見つけることが難しい人にとって、ＳＮＳは悩みを共有できる大事なツールとなっているようです。

その反面、ＳＮＳでは清水陽介さんのように攻撃的になり、事件にまで発展するケースも近年、増えており、支配型の典型といえるでしょう。

難民生活の行き詰まりからストーカーに豹変した鈴木誠さんもまた、行き場のない怒りを身近な元恋人にぶつけました。女性や子どもは、こうした支配型犯罪の被害者になりやすいといえます。

大人に比べ、身体能力が低い子どもは狙いやすいだけでなく、人生に絶望した大人たちの憎悪の対象になります。

性犯罪は目が届かないところで起きることも多く、瀬川卓さんのように、講師という地位を利用した犯行は、発覚が容易ではありません。一流大学出身の瀬川さんは、講師の中で最も学歴が高く優秀だと保護者から信頼される講師でした。それゆえ、プライベートで生徒と関わることも例外的に許されていたのです。

高学歴難民が抱えるルサンチマン、心の傷とは……。第1章から詳しく事例を紹介していきます。

第1章　博士課程難民

難民生活をどう乗り切るか

２０１８年、九州大学の箱崎キャンパスで、40代の元大学院生の男性が焼死体で発見され、自殺のために放火した疑いが強いと報道されました。男性は、九州大学法学部の博士課程を中退し、大学の非常勤や専門学校の講師をしながら研究者を目指すオーバードクターだったようです。

講師業だけではとても生活していけませんので、肉体労働のアルバイトもしていたと言います。奨学金の他にもローンがあり、生活に困窮し、追い詰められ、疲弊した末の自殺だったのでしょう。非常に痛ましい事件です。

難民生活を支える資金としては、奨学金、アルバイト、家族からの援助が考えられます。就職すればすぐに返せると思って借り続けた奨学金返済地獄、セックスワークの世界に入り抜け出せなくなってしまった女性、難民生活を支えてくれていた夫からのまさかの裏切り……。

波乱の難民生活の実態に迫ります。

家賃6万円のアパートをシェア、セックスワークで支える難民生活

――加藤絵美（30代）

博士と呼ばれた少女時代

私は研究職待ちの、いわゆる「ポスドク」の33歳です。収入は月20万円くらいです。千葉県の月6万円の家賃のアパートを友人とシェアして、東京まで通勤しています。

今の生活から抜け出したい？　そんなこと今まで考えたことありません。早く本命の仕事に就きたいとは思っていますが、今の生活に不自由は感じていないんです。

確かに、経済的な事情から転職していく人は多いですが、私は奨学金などの借金もありませんし、十分な貯金もあります。私は衣食住、すべてに拘《こだわ》りがないんです。化粧もしないし、美容院にも行きません。煙草もお酒もやらないし、食事は一日一食です。

よく友人から、

「加藤さんの実家ってお金持ち？」

って、聞かれることがあります。確かに、お金持ちほど、外見は地味だったりしますからね。

私は、東北の貧しい農家の出身です。私の出自については、恋人にさえ詳しく話したことはありません。なぜって、私の周りに、私くらい貧しい家で育った人はいなかったので、単純に、恥ずかしいから……。

田舎ですから、大きな屋敷には住んでいました。家にお金はありませんでしたが、おいしいお米と穫れたての野菜、新鮮な卵と、小学生までは何不自由のない暮らしでした。近所にコンビニも、スーパーすらなく、おやつと言えば庭で穫れたフルーツです。私はいつも山を散策し、野生の動物や昆虫と遊ぶ毎日でした。

母は、私を産んですぐに亡くなったそうで、私の記憶にはありません。その後、父は再婚したようですが、再婚相手の女性は、農家の嫁は嫌だったのでしょう。父と女性はある日、家を出たまま戻ってきませんでした。

私は祖父母に育てられました。私の家族は全員中卒で、高学歴の者などいません。それでも、祖母は山の動植物に詳しかったし、祖父はおいしいお米や野菜を作る天才でした。

小さい頃、図書館で『ファーブル昆虫記』や『シートン動物記』を読んで、私は動物博士になりたいと思っていました。学校でも動植物には誰よりも詳しくて、夏休みの自由研究の「科学部門」では毎年、優秀賞をもらっていました。学校の成績は常に一番で、「博士」というあだ名で呼ばれていました。運動も得意だったし、見た目も悪くはなかったので、男の子からも女の子からも好かれていたと思います。

祖父母は周囲に気を遣い、私の両親は、街に出稼ぎに行っていると説明していたようです。農業以外に仕事がないところでしたから、誰も不思議には思わなかったでしょう。私は大自然の中で、祖父母の愛情を受けて伸び伸びと育ちました。

劣等感を抱くようになったのは、中学生になった頃です。町の区画整理が始まり、私たち家族は、生まれ育った家や土地を手放さなくてはならなくなりました。

離れがたい気持ちはありましたが、祖父母も高齢になり、農業に耐えられる体力は残っていませんでした。赤字続きで借金もかさみ、転居以外の選択肢は残されていなかったのです。

私たちが引っ越したのは、住宅街の外れにある市営住宅で、コンクリートで朝日は遮《さえぎ》られ、鳥の声も聞こえない寂しい場所でした。

同じ小学校に通う子どもたちに裕福な家庭の子はいませんでしたが、中学には新興住宅地に越してきた子どもたちも通うようになり、その生活スタイルは明らかに農家の子どもたちとは違いました。

休日に友達の家に遊びに行った時、その子の家があまりに立派で、私服がおしゃれだったことに驚きました。女の子の中にはピアノやバレエを習っている子もいました。

私にとっては自然や農業の方がずっと魅力的で、その暮らしぶりを羨むことはありませんでしたが、気にかかったのは、仲の良かった男の子たちが、長い髪の毛を綺麗にまとめた「お嬢様風」の女の子ばかりに目を向けるようになっていたことでした。

女になれない劣等感

小学校時代、男の子から一番人気のあった私は、中学に入ると全くモテなくなりました。私のことを好きだと言ってくれていた男子は皆、お金持ちのかおりに夢中になったのです。

夏は真っ黒に日焼けして、邪魔になる髪は、祖母にいつも短く切ってもらっていた私とは違い、かおりの肌は白く、長い髪はいつもきれいに整えられていて、微かにシャンプーのいい香りを漂わせていました。

私は肉を食べないせいか痩せていて、ブラジャーを付けなくていいほど胸がありません。それに比べて肉付きのいいかおりは、性に目覚め始めた男子の妄想を掻き立てる存在だったようです。クラスの男子たちが、どこか、かおりに気を遣っているのは、彼女を「女」と見做《みな》していたからなのだと思います。私は男と同じ……、ぞんざいに扱われている気がしていました。

いつの間にか主役の座を完全にかおりに奪われ、私に関心を向ける男子はいなくなり、私は教室の隅に追いやられることになったのです。

私と一番仲が良く、私が密かに好意を抱いていた祐司も、いつの間にか、かおりの姿ばかりを追うようになっていました。

私の人気が落ちたのは、年頃になり、かおりのような女の子らしい女子が増えただけではなく、成績がずば抜けて良くなっていたからだと思います。よく言えば一目置かれ、悪く言えば男より優秀な女は「女」と見做されなかったのでしょう。

中学に入ると、塾通いする生徒が増えていたのですが、うちには塾に通う余裕などありませんから、私は彼らに負けないよう、猛勉強を重ねていました。

それでも私は、高校に進学できるのかどうかすら、定かではありませんでした。祖父母は、

「今の時代、知恵より『学歴』だからね。高校はなんとかするから心配せんで」

そう言ってくれていました。

私は祖父母が食べるものまで我慢して、私の学費を捻出させていることに罪悪感を抱きました。ふたりとも学歴がないだけで、頭のいい人でした。農家を馬鹿にしてはいけません。馬鹿に私たちの主食となる米や健康を維持する野菜を作ることはできません。日々、自然から課題を与えられている彼らに、学歴は不要だったのです。

ただ、時代は変わりました。「経営」の知識も身につけていなければ、農家は続けていけなくなりました。学歴は社会的信用であり、顔を知らない相手と取り引きするためにも、あって損はないものになりました。

私は、親族が誰も手にしたことのない「学歴」が欲しいと思いました。高校は大学進学のための切符であって、無償で入れるならば、私立高校の特待生など、どこでも構わないと思いました。問題は最終学歴です。なんとかお金をためて、東京の有名大

学に入ることが目標でした。

制服が可愛い高校に行きたいと話すかおりには腹が立ちました。成績はそれほど良くないにもかかわらず、塾や英会話教室に通わせてもらっているのです。勉強が出来なくても、彼女は最低限、大卒の資格は手に入れられるでしょう。私は、高校に無事に入れるかさえわからないというのに……。そう思うと、私はかおりが心底憎らしいと感じ、絶対に負けられないと思ったのです。

性的支配を覚える

中2の夏休み、私はかおりに気がある祐司を川に誘うことにしました。祐司とはもともと仲が良かったので、一緒に山や川に行ったことは何度もあったのですが、今回の目的は、祐司の関心をかおりから私に向けるためでした。私は小さい頃に遊んだ場所に祐司を連れていくと、川で泳ぐために服を脱いだのです。滅多に人が通らない場所で、私は一瞬、裸になりました。

男など単純なものです。この出来事をきっかけに、祐司の関心は私に戻ってくるようになりました。

女子の間でも性への関心が高まる年頃、修学旅行に行った日の夜、女子のひとりが「テレクラ」にいたずら電話をしようと言い出しました。ひとりの女子が電話を掛けると男の人が出て、

「君いくつ？」

と聞かれ、彼女は、

「17です」

と嘘をつきました。すると男性は興奮気味に、

「本当？　声だと、もっと若いんじゃないの？　もっと下だったら触らせてくれるだけで5万払うよ」

と言うので、女子たちはキャーと奇声を上げて電話を切りました。

皆が笑い転げる中、私は身体で稼ぐなら、できるだけ若いうちがいいのだと真面目に考えていました。

私はそれから、テレクラに電話するようになりました。体に触れられるだけで5万円もらえるなら、それくらいは大したことではないと思ったからです。

ところが、いきなりわいせつな話をされたり、私の声が幼いのでいたずらだと電話を切られたり、そう簡単に都合のいい男性は現れませんでした。それでもどこかスリルを感じ、いつの間にかストレス解消になっていました。

ある時、話した感じは悪くなく、会ってもいいと感じる男性がいました。目的は5万円です。

私は待ち合わせ場所に、昔、よく遊んだ山の入り口を指定しました。普通の人なら危ないと思うかもしれませんが、この山を私は知り尽くしていて、ここなら何かあっても逃げ切ることができると考えたからです。

「変な場所だよね。本当に来るのかな……」

男性は訝《いぶか》しげにそう言いましたが、私は、

「必ず行くから待っていて下さい」

と念を押しました。

そして彼は、約束通りの日時に現れたのです。30歳くらいの、痩せていて、おとなしそうな男性でした。

「君、本当に17歳？　ずいぶん幼く見えるけど……」

彼は私を見るなり、あまりの幼さ、色気のなさにがっくりした様子でしたが、人がよさそうな男性は、とりあえず散策に付き合ってくれたのです。私は人目につかない場所まで来たとき、彼から5万円を受け取り、彼の前で全部服を脱ぎました。

彼は戸惑った様子で、

「もういいから服を着て」

そう言って、私に指一本触れることはしませんでした。

そして別れ際、

「俺が言うのもなんだけど、こんなこと危険すぎるよ。もうやめた方がいい」

そう言って、財布からあるだけの万札を抜いて私にくれたのです。お金は10万円もありました。

私は家に帰り、何度も一万円札を一枚一枚数えました。そして、箱の中に15万円をしまった瞬間、

「自分の人生は自分で手に入れられる――」

そんな力が漲《みなぎ》ってくるのを感じました。

上京の切符を手に入れる

私は無事に第一志望の県立高校に合格しました。たいてい、滑り止めとして他校も受験しますが、私は受験料がもったいなくて、本命一校だけの受験でした。

入学後は部活動もせず、修学旅行も不参加で、時間があれば学校に許可を得てアルバイトをしていました。私は東京の大学に入ったら、風俗で働こうと決めていました。

東京に行けさえすれば、身体で稼ぐチャンスはここよりずっとある。それを前提に、最低限、大学の受験料や交通費、入学金と部屋を借りるお金を用意しなければなりませんでした。

学生でお金がないと言うと、たいてい「奨学金借りれば」という言葉が返ってきますが、基本的にあれは借金です。これまで返済不要の奨学金を受けたことはあるし、民間団体の助成金で留学の費用を負担してもらったことはありましたが、申請書も報告書もとにかく面倒な手続きをしなければなりませんでした。他人のお金だから仕方ないのですが……。

実家は借金で大変な目に遭ってきたので、私は絶対借金をしませんし、クレジットカードも作っていません。

時給の安いアルバイトは、正直、やっていられないと思いました。包装や仕分けなどの単純作業は苦になりませんでしたが、私が不得手なのは接客です。

比較的、時給の高いガソリンスタンドのアルバイトに申し込んだのですが、高卒のオヤジに怒鳴り散らされ、最初のバイト代をもらうとすぐに辞めました。

しばらくして、「ブルセラ」など、未成年の女性が制服や下着を売ったり、お金目的で成人男性と関係を持ったりする「援助交際」が社会問題になりました。私の住んでいた地方でも、繁華街に出ればこうした需要がありました。私は売れるものは売ってお金にしました。下着や首から下の裸の写真など、1万円から5万円くらいで売れました。

援助交際っていう面倒くさいことは、私は苦手なんです。私が欲しいのは現金だけで、性は売っても、男に「金を与えてやっている」という優越感を売ることだけはしたくなかったんです。

性を売ることに対しては、卑屈なイメージがあるかもしれませんが、誰でも、いくつになってもできることではないと思うので、私は簡単にお金を手に入れられる「特権」だと感じていました。ガソリンスタンドのバイトを経験して、低賃金でこき使われる人間にだけはならないと誓いました。

私は高校3年間で200万円以上の貯金を作り、上京する切符を手に入れることができました。高校でも成績は常にトップだったこともあり、第一志望の国立大学一校だけを受験し、一発で合格することができました。

東京での居場所

「叔父さんの居場所だよ。連絡をしてあるから会っておいで」

大学の合格が決まると、祖母から東京都内の住所が書かれた紙を手渡されました。向こうで部屋を借りるにも保証人が必要だろうし、困りごとが生じたときは頼る人がいた方がいいと、祖母がわざわざ叔父と連絡を取ってくれていたのです。

叔父は父の弟ですが、私は一度も会ったことがありませんでした。父親同様、田舎が嫌で逃げ出した家族のひとりです。それでも兄弟のなかで、祖父母は唯一、この叔父とだけはつながっていたようでした。

「○○大学なんて凄いな。周りで聞いたことねえよ」

初めて会った叔父さんは、合格の知らせに驚いていました。そして、部屋を借りる際の保証人を快く引き受けてくれました。

叔父は中卒で、東京の建設現場で働いていました。結婚して子どももいますが、皆、高校を卒業して成人し、仕事に就いているとのことでした。

上京する決断をしなかったら、存在すら知らない親族でした。それまでは、ひとりで生活することなんて何でもない事だと考えていましたが、いざ上京してみると不安も多く、初めて会った叔父の存在に安心を覚えました。


私は幼い頃から女の子の趣味には興味がなく、遊び相手も親友も、ずっと男の子でした。大学に入ってもそれは変わらず、男の子たちの猥談《わいだん》にも加わっていました。風俗の話もよく出ていて、その情報はとても役に立っていました。

私は、彼らと出くわしてしまうことのないような「職場」を慎重に選び、計画通りに風俗で働き始めました。

周りの学生は、裕福な家の子が多く、親から十分な仕送りをもらっているにもかかわらず、お金がない、お金がないと騒いでいました。私は東京に来ても物欲は芽生えず、貯金は増える一方でした。

しばらくすると、同級生の気の合う男の子が一緒に住まないかと言うので、私は家賃を節約するために、彼と同棲することにしました。彼の実家は裕福で、家賃や生活費だけでなく、車まで買い与えられていました。

彼のことは好きでしたが、無償のセックスは正直、苦痛でした。生活費の節約だと考え、しぶしぶ受け入れていたのです。私にとってセックスは、経済的利益と切り離しては考えられないものになっていました。

女という承認を求めて

彼氏と同棲していても、風俗のアルバイトをしていることに気づかれることはありませんでした。

私は他人の人生に興味がないので、他の人がどういう理由で風俗で働いているのか、全く関心はありませんが、一般的に風俗嬢と言えば、物欲が強い派手な女性、知的に低い女性というイメージがあるようです。私はいずれにも当てはまりませんから、私の秘密に気がつく人はいなかったのでしょう。

私は大学院に進学し、海外留学も経験しました。日本を離れた時期以外、これまでずっと風俗のアルバイトは続けてきました。

昔は、セックスワークは10代がピークだろうと考えていましたが、落ち着いた女性の方が安心するという人もいますし、30歳を過ぎても需要は減らないと思っています。私の場合、10歳サバを読んでも通用しますし、あと10年くらいは大丈夫なんじゃないかと……。

恋人はいますが、今のところ結婚願望はありません。平凡な家庭生活にも、贅沢な生活にも興味はないんです。研究に没頭でき、誰からも支配されない生活を送ることができればそれでいい。

十分な貯金もあるし、お金を使わないので、アルバイトをする必要はないのですが、気がつけば足を洗えなくなってしまいました。普通のセックスでは得られない快感もあるし、秘密を持っているというスリルもなかなか手放せないのです。

男だらけの職場で、セクハラなどもうすでに慣れてしまいました。セックスワークで学んだことは、どれだけ社会的に地位が高くても裸になれば皆、動物。偉そうな男でも平気で醜態を晒すのです。いやなことがあっても、そんな男たちの姿を高みから見下ろし、憐れむことができると、スカッとするのです。

おそらく痩せ細って化粧っけのない私に欲望を向ける男性は少ないでしょう。私は昔から、着飾る女性や「女らしい女」たちに劣等感を抱いてきました。彼女たちは女のふりをしているだけで、裸で、本当の「女」で勝負しているのは私なのです。セックスワークで高収入を得られる自分を確認することが、劣等感を解消させているのかもしれません。

ギャルから博士課程へ、月10万円生活の行方

——菊地明日香（40代）

高学歴貧困家庭で育つ

私は1970年代後半、東京都で生まれ育ちました。両親は高学歴難民カップルで、父親は40歳目前、ようやく大学に職を得て、直後に私が生まれました。母親は出産を機に研究職を諦め、家庭に入りました。2歳下に弟がいて、4人家族で育ちました。

私の親族には研究職が多いんです。父も大学教授でしたが、大学は今で言う「Fラン大学」で、お金も名誉もなく地味に暮らして来ました。

家は古い借家で車もありませんし、テレビさえなかったのです。学校ではテレビの話題について行けず、テレビが欲しいと母にせがむと、

「聖書の話でも聞かせてあげなさい」

と、天然の対応です……。

幼い頃の思い出と言えば、貧しかった記憶ばかりです。同世代の親たちに比べて私の両親は高齢なので、仕方がないと諦めていました。欲しいものは何一つ買ってもらえず、周りの子どもたちを羨んでばかりいました。

おもちゃとか、学習に無関係と思われるものは一切、与えてもらえませんでした。ゲームなんて、触ったこともありません。誕生日のお祝いと言えば、本とか辞典とか、私にとっては嬉しくないものばかりでした。両親は、ただの「研究オタク」です。博士課程まで進んでいますが、一流大学出身者ではないんです。私たちが学校を選ぶ際にも偏差値とか学校名に拘ることはありませんでしたし、勉強を強制されるようなこともありませんでした。

高校生になり、世の中はコギャルブームの中、渋谷に通うようになって、お金が欲しいと思うようになりました。私は親から全くお小遣いをもらえなかったので、オシャレや遊びに使うお金は、すべてバイトや援助交際をして自分で稼いでいました。

卒業後、両親は最低でも大学には行くだろうと思っていたかもしれませんが、私は渋谷でショップの店員になることを決めており、進学するつもりはありませんでした。

進路を巡って、母親とは連日口論になりましたが、

「明日香の好きにさせてやれ」

と、父親の一言で、母も諦めたようでした。

それでも母親との折り合いは悪いままで、家にはいづらくなり、高校卒業後は親友の彩と一緒に住むことにして実家を出ました。私は憧れていたショップの店員に採用されたのです。

彩は、同世代の子が読む雑誌や深夜番組に出た経験があり、私たちの間では有名人でした。彩も店員をしていましたが、20歳までに独立してネイルのお店を持ちたいという夢を持っていて、休日返上でバイトをしてお金を貯めていました。私も彩に誘われて、キャバクラなどのバイトもしましたし、

「賞味期限切れる前に稼がなきゃ」

というのが私たちの口癖で、10代は遊んでもいましたが、遊ぶお金は全部奢《おご》ってもらい、今では考えられないくらい稼いで貯金していました。

ギャルから女子大生へ

彩は計画通り、20歳で渋谷にネイルの店をオープンさせました。雑誌でもよく取り上げられるようになり、売り上げは好調でした。私たちは20歳のお祝いにニューヨークに行ったのですが、私はこの時、英語がまったくわからずに英語が話せるようになりたいと思ったんです。

20歳を過ぎてみると、自分は流行の中心からどんどん遠ざかっていくのを感じました。彩は仕事で成功しているけど、私には何もない。私は英語が話せるようになりたくて、英会話教室に体験入学したことがありました。生徒は大学生が多くて、私は初めて学歴コンプレックスを感じたんです。

彩も仕事が忙しくなり、これまでのようにふたりで遊ぶことは減っていました。私は仕事をしながら予備校に通い、大学進学を目指すことにしました。私は幼い頃から学校の成績は悪くなかったので、そこそこ有名な大学の英文学科に入学することができました。

キャンパスライフは充実していて、もっと早くに入学していればと後悔したほどでした。大学では友人もたくさんでき、国際交流のサークルに参加するようになりました。

私は以前の職場を完全に離れたわけではなく、アルバイトとして続けていましたが、派手な服装はしなくなり、だんだん周りと距離が生まれていました。私は辞めたくなかったのですが、一部のスタッフから無視をされるようになり、バイトを続けていくことができなくなりました。

「あいつは裏切り者」

「最近、いい気になってる！」

私が進学した途端、昔の仲間からはそんな陰口を叩かれるようになっていたようです。彼らの気持ちは私には痛いほどよくわかりました。私も以前は密かに、大学生に嫉妬していたからです。私は幼い頃から周りに嫉妬ばかりして生きてきました。

20歳になった時、欲しいものは必ず自分で手に入れようと誓ったんです。そうすれば、人を羨む必要はなくなるから。人を羨んで生きる人生は嫌なので。

同居人の彩とも次第に話が合わなくなっていきました。彩は彼氏と同棲すると言い出し、私は家を出て、実家に戻ることになりました。

好きな人は高学歴

念願の女子大生ブランドは手に入れたものの、私はこれからどうしようか迷いました。

彩のように、学歴はなくても起業して高収入を手にしている友人を見てきたので、今さらOLになる気はありませんでした。

当時、テレビの語学番組に出ている言語学者のファンになり、私も言語学を学んでテレビに出たり、本を出版したりしたいと思うようになりました。大学の成績も良好だったので、私は大学院に進学し、言語学者を目指すことに決めました。

学者を目指した理由はもうひとつあります。大学のサークルで知り合った同い年の男性に好意を持つようになっていました。彼はすでに大学院生だったので、影響を受けていたと思います。私たちは交際を始め、30歳で結婚しました。

夫は大学の非常勤講師を掛け持ちし、私は博士論文に取り組んでいました。ふたりともまだ学生でしたが、夫の実家は裕福で、家賃は親が出してくれていたし、車も買い与えられていました。私は10代の頃、貯めた貯金が少しあるだけで、生活費はすべて夫に負担してもらい、なんとか研究に専念することができました。

私はこの頃から、初心者向けの英会話教室を始めるようになりました。サークルのような集まりから始め、いずれは学校を経営したいと考えるようになったんです。

しかし、大学生になって、改めて教育ってなんて儲からないんだろうと感じるようになりました。塾にしても英会話教室にしても、講師の時給は低い方ではないかもしれませんが、準備や生徒との関わりの面倒くささを考えると全く、割に合わない……。

私の両親も大変だったのだ、とこの時、初めて気づいたのです。それでも、お金には代えられないやりがいがあって、少しずつ夢に近づいているような日々でした。

私は学習法や教室の紹介を積極的にブログやSNSで発信しました。ブログの読者は増え、SNSで私を応援してくれる人たちも増えていきました。英会話教室も評判となり、新聞やテレビで取り上げられるようになりました。

カフェを経営している友人が、場所の一部を教室に使用しても良いと言ってくれるようになり、本の出版に出資してくれると言う友人まで現れたのです。私の夢は、確実に形になりつつありました。ところが、それを見事にぶち壊したのが、夫だったのです。

泥沼離婚と生活困窮

食費などの生活費は夫が負担してくれていたのですが、洋服代や美容院代、交際費といった出費は、英会話教室の収入では間に合わず、貯金を切り崩さなくてはならない状況でした。

スポンサーがついてくれたので、この先は赤字を出さなくて済むと思っていたところ、「出資は見送りたい」との連絡が入ってきたのです。理由は夫でした。

夫はなんと、友人の会社に押しかけて、出資を止めるように迫っていました。

「実績のない彼女にいきなりお金を出すなんて、怪しいと言われてね。申し訳ないけど、ああいう言われ方しちゃうとね。今回は見送るけど、また機会があれば……」

その友人とは、実のところ、過去に交際していた相手でした。夫に秘密にしていたつもりはないですが、あえて話したこともなかったのです……。

カフェを提供してくれるという友人からも協力を断る連絡が入りました。夫は何度も電話で抗議をしたり、カフェに乗り込んでいったりしたらしいんです。

夫はちょうど大学への就職が決まって、忙しくなっていた時期でした。

「どうして私に黙ってこんなことするの？」

私が泣きながら詰め寄ると、

「何度も話したいって言ってるのに、忙しい、忙しいって聞いてくれないから……」

確かにこの時期、家では夫とすれ違うことが多くなっていました。

「だからって、卑怯じゃない？」

私の夢は、すべて白紙に戻ってしまいました。

「明日香は変わったよ。自分の評判ばかり気にして……」

夫は、私が世間から注目されるようになったのが面白くないようでした。

「これからは家賃も生活費も半分は負担してほしい。貯金があったなんて知らなかったぞ。今までお金がないって言うからこっちで負担してやってたけど、あったんなら返せよ」

と、いきなり家賃や生活費を支払えと言うのです。結婚生活の継続は無理だと思いました。私は離婚したいと夫に伝え、家を出ることにしたのです。

私は着実に夢をかなえているつもりでしたが、すべては夫の経済力に頼っていたんです。

まずは、生活基盤を立て直さなければなりませんでした。英会話教室と大学の非常勤講師の報酬を合わせて月10万円程度の収入です。貯金の残高は、100万円を切っていました。

私はなんとか家を借り、一部を改装して教室を再開しました。貯金もいずれ底をつくし、アルバイトを増やさなければなりません。

セックスワークとの兼業

私は求人誌を見ながら溜息が出ました。職種に拘っていられない状況でしたが、私は関係者の間では顔が知られるようになっており、大学でも講義を持っていました。今さらスーパーやファーストフード店で働くというわけにはいかなかったのです。

そこで飛び込んだのがセックスワークの世界です。10代の頃、垣間見た世界だったので、それほど抵抗はなかったかもしれません。年齢はごまかすこともできるし、30

代であれば引け目を感じることなく、需要はありました。

本業の収入が安定するまで5年を要し、その間ずっと、セックスワークで生計を立てていました。自分で稼いだ資金で教室を大きくし、本も出版することができました。

後悔はしていませんが、後ろめたい気持ちがないかと言えば、嘘になります。昔はメディアに出て有名になりたいと思っていましたが、今はむしろ静かで地味な生活が自分に合っていると思い直しました。自分のやりたいことに専念できる環境で、自立した生活が続けられれば、それで満足です。

学歴至上主義家庭に生まれ、「無職・借金1000万円」の迷走人生

——栗山悟（40代）

学歴至上主義の両親

僕は、誰もが知る難関有名私立大学を卒業し、同大学の大学院で社会学の修士号を取得、その後、国立大学の大学院で文学の修士号を取得後、そのまま博士課程に進学しましたが、博士論文は書けないまま中退することとなり、アルバイトを重ね、現在もフリーターです。

両親、とくに父親は、「学歴は名前と同じ。学歴で人格まで評価される」と言うのが口癖の学歴偏重主義者でした。学歴さえあればとりあえず尊敬されるとも言っていましたが、僕はこれまでの人生で、誰からも尊敬されたことはありません。むしろ嫌われ、蔑《さげす》まれ、笑われて生きてきました。

これらはすべて、中身と釣り合わない学歴のせいです。僕は40歳になりますが、社

会における実績がひとつもありません。アルバイトは次々とクビになり、社会運動の現場でも疎外され、1000万円近くの奨学金の返済も半分以上残ったままです。もう、人生に疲れてしまいました……。

父は東大卒ですが結局、中学校の教員になりました。母は短大を出て父とお見合い結婚し、そのまま専業主婦です。両親と兄の4人家族で、裕福な家庭ではありませんでした。父は、どんどん出世しお金持ちになっていく人を見るたびに、

「大した大学も出てないくせに！」

と負け惜しみばかり言っていました。母は自分に学歴がないので、東大卒の父に完全に服従しており、家庭では子どもたちの監視役のような存在でした。

僕たち兄弟は高校受験の頃から、父が選んだ東大卒の家庭教師に勉強を教えてもらっていました。この家庭教師は教え方が下手で性格も悪く、僕たちの成績は下がる一方でした。僕たちは、家庭教師を替えてほしいと父に頼みましたが受け入れてもらえず、ふたりとも高校受験も大学受験も第一志望には合格できませんでした。

兄は高校卒業後、第二志望の大学に合格し、入学を決めました。ところが両親は、お金もないくせに、浪人してもレベルが上の第一志望を目指すよう兄にしつこく勧め

ましたが、兄は親の期待を完全無視して我が道を進みました。そのため、大学卒業後は大手の会社に勤務し、順調に出世して家庭も持ち、両親よりも幸せな人生を送っています。

兄の卒業した大学は、決して社会的に評価が低い大学ではありませんでしたが、両親は納得せず、僕にはどうしても一流大学に入れと口うるさく言ってきたのです。

僕は一浪し、予備校に通った末、親が認める大学に合格することができました。合格できたのは僕も嬉しかったですし、大学4年間は充実していました。社会の「勝ち組」になったような気さえしていたかもしれません。

その後、社会からこれでもかというほど「負け組」の烙印を押され続けるとは……あの頃の僕には想像もできませんでした。

作家を目指して

ターニングポイントは大学院への進学です。ここから、後戻りができなくなりました。本当に心から後悔しています。

僕は、学部では社会学を学んでいましたが、大学3年の頃から作家になりたいと思い、雑誌に応募するようになりました。書くことに夢中になっていて就職活動の時期を逃してしまったんです。就職したいと思っていたわけではなかったのですが……。

今考えれば、たとえ何年かでも会社勤めの経験をしておけばよかったと後悔しています。大学院進学は、いわばモラトリアムというか、デビュー待機ですね。2年の間に文学賞に入選して道が開ければと考えていましたが、叶いませんでした。

僕は、小説よりも文芸評論を書きたいと思うようになり、国立大学の文学部の大学院に入り直したのです。以前の大学より自分の学びたいテーマに合っていて、修士論文もそれなりによく書けていたと思います。

博士課程に進学するまでは比較的順調だったのですが、研究は行き詰まり、応募を続けていた雑誌からも反応はないまま30歳になってしまいました。他の学生の中には、早い段階で見切りをつけて出版社等に就職していく人たちもいましたが、ここでも僕は乗り遅れ、就職のチャンスを逃してしまったんです。

僕は極端な話、ジャンルは何でも構わないので、とにかく、書く仕事がしたかったのです。この頃はまだ30歳でしたから、とにかく作品を仕上げて雑誌に応募し、出版社に持ち込もうと自宅で執筆に専念するつもりでした。

僕はずっと実家暮らしですが、両親は兄よりも高学歴難民生活を続ける僕の方を応援してくれていました。特に父親は、

「それだけの学歴を持ってる人はなかなかいないんだから、自信持って頑張れ」

と僕を応援し続けてくれていました。

父の言うことは、たいてい間違っているのです。

「無駄に高学歴」という烙印

僕は学生時代、特別目立つタイプではなかったですが、いじめられるような経験はありませんでした。ところが30代になった途端、どこに行っても排除される存在になっていました。

僕は学習塾でのアルバイトを始めました。大学受験の科目を担当することになったのですが、授業の初日から、

「聞こえません！　もっとはっきり喋ってくれませんか！」

と生徒から厳しい声が飛んで来ました。僕は一気に緊張してしまい、一瞬、自分が何を言っているのかわからなくなってしまいました。

「すみません……。準備が不十分だったようで、次回からは気を付けます」

と最後に謝罪し、急いで教室を出ました。

次の授業では苦情が出ないよう抜かりなく準備をし、マイクを借りて授業に臨みました。ところがまた、

「すみません。内容がわかりづらいんですけど……」

「前回のところと被《かぶ》っていて、先に進めた方が……」

などと、いきなり文句を言われ、さすがに頭にきたので、

「今、説明しているんだからまずは黙って聞いてもらえるかな？　質問は後で受けますから」

と言い返すと、数名の生徒が教室から出ていってしまいました。

事務局にも既にクレームが入っていたようで、僕は高校3年生の担当をすぐ降りることになりました。

「あのクラスには浪人生もいますし、受験でピリピリしてますから」と職員さんから

フォローしてはもらえたのですが、他のクラスも既に担当は決まっており、僕はしばらく事務を手伝い、次の学期から中学1年生の担当になりました。

僕の代わりに授業を引き受けることになったのは現役の大学生で、学歴は僕より下でしたが評判が良く、講師室にたくさんの生徒が質問に来ていました。確かに、受験テクニックなんて入試を終えたばかりの学生の方が備わっているに決まっています。

僕は教育系のバイトなら時給も高いし、自分の経歴ならば容易だと高を括《くく》っていましたが、甘かったと認識を改めました。少子化によって学習塾も経営が厳しくなり、昔のように高学歴難民の受け皿にはなりえなくなっていると感じました。

生徒だけでなく、保護者からの意見もかなり重要視されていました。各講師の授業評価アンケートは、事務局で確認をし、改善の役に立つ内容以外は講師にフィードバックすることはないということでしたが、事務作業をしていた僕は、自分に書かれたアンケートを見てしまったのです……。

「テキスト棒読みなら家で自分で勉強します。もっと若い先生に替えてほしい」

「年齢の割に、講師経験がないのがバレバレ。しっかり研修を受けてきてほしい」

読めば読むほど、針で刺されるような、厳しい内容ばかりでした。そしてとどめの

一言は、

「無駄に高学歴な講師より、若くて実践力のある講師をお願いします」

正直、へこみました……。

これだけ人格否定されている講師など、僕以外にはいません。ここの講師は、現役大学生の割合が高く、年配の講師はほとんど見たことがありませんでした。

僕は教師になりたいわけでもないし、授業の準備やストレスを考えると塾講師は割に合わない仕事だと思いました。

ようやく、中学生向けの集中講義を担当させてもらえたのですが、やはり評価はぱっとせず、

「しばらくは担当するコマが埋まっているので、改めて連絡します」

と事務局から言われてしまいました。つまり、クビみたいなもんです。評価が高く実績のある講師は多くの授業を担当できますが、僕にはその後、一度も連絡が来ませんでした。

僕は、受験科目の担当ではなく、推薦入試の小論文や大学院入試科目の指導ならできるはずだと他の予備校の面接も受け、採用されました。

ところが、ここで僕は改めて、人前で話をするのは得意ではなく、授業をするのが下手なのだと痛感しました。小論文の授業を担当しましたが、やはり評価が悪く、それ以来、授業は任されず、論文の添削しか回って来なくなりました。

「ダメ男」という烙印

講師のアルバイト経験はキャリアにもならず、自己肯定感を下げただけでした。この間、創作意欲は封じられ、原稿にはまったく手を付けられませんでした。できるなら、アルバイトなどせずに執筆に打ち込みたいところですが、奨学金の返済もあって、さすがになにもしないというわけにはいきませんでした。

次の仕事は、大学の図書館でのパートでした。

学生時代、僕は大学の図書館でバイトしたこともあり、文学部出身なので「図書館」という職場は選択肢に浮かんではいました。しかし、暗くて地味で……職場という意味では、僕は図書館にいいイメージがあまりなかったのです。

案の定、やはり後悔することになりました。原因は、口の悪い上司の存在でした。

40歳過ぎの女性の上司だったのですが、とにかく噂話が大好きで、根掘り葉掘り聞いてくるのです。僕の経歴を見て、

「へー、こんな大学出ても結局ここに来ちゃうんだ」

などと無神経なことばかり言うのです。

「今の時代、もう学歴は古いのかもね」

と断言され、カッと来た僕は思わず、

「まだ、わかんないですよ。僕、ここで人生終えるつもりないんで」

そう返すと、

「もしかして、作家とか目指してる？」

と聞かれ、僕はドキッとしました。

「どうしてですか？」

と尋ねると、

「前にもそういう人勤めてたから」

「そ、そうなんですか。その方はもう辞められたのですか？」

「うん。自殺したらしい」

あっけらかんとした口調で彼女は言いました。

無神経だけどやたらカンが利く、僕にとっては最悪の上司でした。彼女は、僕のプライベートにもズケズケと口を出してきました。

「栗山君、彼女いないんでしょ？　女性が寄ってくるタイプじゃないんだから、自分から行かないとダメだよ」

などと仕事が遅くなると必ず、若い女性職員を送り届けろとうるさいのです。こういうのセクハラですよね？　女だから許されるっていうものじゃないと思うんですけど……。

アルバイトでのストレスは、心身に応えました。対人関係のストレスは、学生時代にももちろんありました。ただ、学生時代は目標に向かっていたので乗り越えられたのだと思います。バイトは夢を叶えるためではなく、ただ、奨学金の返済のためです。一体、何のための苦労なのか、僕は本当に何をやっているのか、もう何が何だかわからなくなっていました。

休みの日が来ると、疲れ切って一日中寝ていました。そして月曜日の朝がとてつもなく憂鬱になるのです。いつの間にか、僕は朝、布団から出られなくなっていました。

精神科に行くと鬱病と診断され、しばらく仕事を休職することになりました。大学院の友人でも鬱を経験した人は何人かいましたが、自分は昔からポジティブで、無縁だとばかり思ってきました。ところが、年齢を重ねるたびに、心も体も回復力が落ちてきているのを実感しました。

体調が回復しても、僕は図書館には戻りませんでした。次のアルバイトは、大型書店の書店員です。同じ本を扱うにしても、書店の方がずっと雰囲気は華やかでした。いち早く新刊を手に取り、売れ筋の書籍を確認できるだけでテンションが上がりました。アルバイトなので給料は低いですが、僕は少しずつやる気を取り戻していきました。

「無敵」になれない烙印

僕は書店でのアルバイトの他に、弁護士事務所でアルバイトをすることになりました。奨学金返済の件で相談に乗ってもらっていた弁護士の先生が、大学の先輩だったこともあり、お世話になることになったのです。

僕はこの頃、高学歴ワーキングプアとして、貧困問題に取り組む団体の活動やデモなどにも参加するようになっていました。

「栗山悟、〇〇大学卒業、社会学と文学の修士号持ってますが、勉強しすぎて借金まみれで……」

そんな自己紹介に、

「〇〇大学！　凄い！　エリートじゃん！」

と称賛の声が上がり、僕は嬉しくてテンションが上がりました。ただ、この反応に面白くなさそうな顔で僕を睨《にら》みつけている女性がいたのです。

女性には著書もあり、一部の人の間では有名な人だという話でした。ところが、彼女の書いたものをざっと読んだのですが、正直、感情論だけで、あまりに勉強不足な内容に驚きました。そして次に会った時、

「この分野は僕の専門なので、わからないことがあれば聞いてください」

と、親切のつもりで彼女に言ってしまったんです。それが、彼女のプライドを傷つけてしまったのか、物凄い形相で無視をされ、気まずい雰囲気になってしまいました。

学歴のない彼女は僕を目の敵にしているのか、「〇〇教授と対談した」とか「次は〇

○出版から本を出す」とか、事あるごとにマウンティングされるようになったのです。彼女は僕が学歴差別主義者だと周囲に言いふらすようになり、仲間になれたと思った人たちも、次第に僕から離れていきました。

ここでは、不幸な境遇、体験が多ければ多いほど尊敬され、カーストが高いのです。地方から出てきて苦労している人も多い中、埼玉県で生まれ、大学院まで進学し、親も健在で、実家暮らしの僕など、やはりここでも最下位カーストです。

生まれながらの属性や家庭環境といった、自分ではどうしようもない問題で困窮に至った人たちは、自己責任を否定し、社会が悪いと堂々と主張できるのでしょう。それに比べ、ただ、人生の選択を間違えただけの僕は、自分を責めるしかないのです。

「栗山さんは甘い！　落ちるとこまで落ちていない！」

と社会活動の現場ではいじめられました。落ちるに落ちれない、上がるに上がれない……、無敵にもなれない僕こそ最弱なのです。

難民生活を支えるアルバイトの実態

教育系のアルバイトは、逼迫している経済状況では割に合わず、難民生活の受け皿としては機能しなくなっているようです。加藤絵美さん、菊地明日香さんのように、短時間高収入のセックスワークで乗り切った人々もいました。

私は女性ふたりの話を聞いていて、ジャネット・エンジェル著／那波かおり訳『コールガール』（筑摩書房、2006年）を思い出していました。ピンク色の帯に「私は大学教師《プロフェッサー》、そして売春婦」「アメリカにも東電OLが!?」と書かれたこの本は目を引き、つい手に取ってしまったのです。著者のジャネット・エンジェルは、イェール大学で神学修士、ボストン大学で人類学博士号を取得しています。いかにも難民化しそうな経歴ですが、やはり、就職の間口は狭かったようで、大学の講師をしていた34歳の時、同棲中の恋人から貯金を持ち逃げされたことで生活に窮し、昼間は大学で教え、夜はコールガールという二重生活を送るようになります。

セックスワークは、高学歴の女性とは無縁の職業と思われるかもしれませんが、普段、大勢の学生を前に講義をしている高学歴難民にとって、スーパーやファストフードでアルバイトをしている姿を見られたくないという事情から、その選択は理解できないものではありません。「秘密の空間」で、素性を知られることなく効率的にお金を稼ぐことができることが最大のメリットであり、教職者と売春婦という、相容れないはずの二つの顔を密かに持っているスリルはなかなか手放せなくなると、日本の高学歴難民女性も証言しています。

果たして、二重生活に終わりは訪れるのでしょうか……。

第2章　法曹難民

法科大学院が生んだ難民

最近、17歳の高校生(受験時)が司法試験に合格したと報道されていました。最年少の合格者だそうです。今後、記録は更新されるかもしれません。また、大学在学中に司法試験に合格する人もおり、必ずしも法科大学院に進学しなければ法曹資格を得られないわけではありません。

2004年から開始された法科大学院ですが、現在はその半数以上が廃校になっています。大学院の学費は高く、法曹資格を取得した後も奨学金の返済に苦労している人々もいます。こうした事情から、当初に比べて入学者も激減しました。

花形と呼ばれる職業を捨てての挑戦に失敗し困窮生活を余儀なくされる、弁護士になった彼女の部下となり「ヒモ」と揶揄される、法律事務所で体験した学歴のない事務員からのいじめ……。

法曹難民の行方を追います。

CAから検察官への華麗なる転身を夢見て

――相澤真理（40代）

母がこだわった「お嬢様」

私の人生は、25歳まで完璧でした。

前職は、国際線のキャビンアテンダント（CA）です。採用された時、両親は涙を流して喜んでいました。私は就職が決まるなり、出身大学の広報誌や地元メディアから取材を受けるようになり、人も羨む順風満帆な人生を歩み出しました。

私は中部地方の、いわゆる「お嬢様学校」と呼ばれる私立の中高一貫校を卒業し、地元の私立大学に推薦入学しました。

小さい頃から学校の成績は良く、運動会や学芸会でも活躍し、成績表にはいつも「5」が並んでいました。ダラダラするのが嫌いで、宿題でもなんでもすぐ取り組んで完璧にやる子どもでしたから、両親や先生からいつも褒められてばかりいる「いい子」だったと思います。

私は会社員の父親と専業主婦の母親の下に長女として生まれ、2歳年下の弟がいます。就職して上京するまでは、地方都市で家族4人で生活してきました。

母は私を「お嬢様」に育てたかったようで、私は幼い頃からピアノやバレエ教室に通わされていました。志望校も母が決めたようなものでしたが、経済的にゆとりのある家庭ではありませんでした。

父親は高卒で母親は短大卒。父の年収は高い方ではありませんでした。それでもローンを組んで一戸建ての家を買い、子どもたちの教育費を捻出するため、母はいつも頭を悩ませていました。

私立のお嬢様学校ですから、お金持ちの子が多く、友達は年に一度、家族で海外旅行に行っていました。うちは余裕がなく、旅行と言えば近県の祖父母の家に行く程度で、私は友達と話を合わせるために、海外の事情や空港の様子を調べるようになったんです。それが、CAを目指したきっかけです。

大学の成績も良好で、氷河期世代の同期たちが就職活動に悪戦苦闘する中、私は難なく第一志望の職種に就くことができました。周囲からは羨ましがられましたが、私にとっては当然の結果と感じていました。

入社後、私は誰よりも早く出社し、掃除をしたり、仕事を早く覚えたりするように努めていました。休日は語学教室に通い、体力が必要な仕事でもあるので、ジムで体を鍛え、万全に備えていたのです。

憧れの職場は「地獄」に

期待に胸を膨らませて入った職場でしたが、同僚たちとは噛み合いませんでした。私は完璧に仕事がしたくて努力しているのですが、周りは飲み会とかプライベートな話題ばかりに夢中でついて行けませんでした。

ＣＡは花形の職業と言われますが、一部では「色物」のように扱われることもあります。私はこういう人たちが全体の評判を落としているのだと、軽蔑し、仲間に入ることはありませんでした。

いつも時間ギリギリの行動でバタバタしている同僚のひとりは、物覚えが悪く、何度も同じことを私に尋ねるので、「一度で覚えて」と注意したことがありました。

それでも改善が見られず、我慢の限界に達した私は上司に相談したのですが、融通が利かないのは私の方だと逆にお叱りを受けることに……。なんでも、彼女は乗客からの評判がすこぶる良く、私は口調がきつくてクレームが多いと……。

真面目に努力しているより、要領よくヘラヘラしている方が評価される職場なのかと失望しました。客室でも屈辱的なことは日常茶飯事でした。ルールを守らないお客様に注意をすると「黙れブス！　消えろ」などと暴言を吐かれることもしばしば……。

それでも長期休暇で実家に帰ると、母親は「私の自慢の娘を見て」と言わんばかりに親戚を集め、鼻高々と、私に皆の前で仕事の話を披露させるのです。

海外に行けることは本当に楽しかったのですが、職場では孤立し、いい思い出などありませんでした。

「姉貴、本当に大丈夫なの？　飛行機乗るといつも思うんだよ。姉貴にCAは向いてないってさ」

弟は、私の性格を見抜いていました。

「公務員とかの方がよっぽど向いているよ」

弟の言うとおりだと思いました。正直なところ、できるものであれば、すぐにでも転職したかったです。それでも「石の上にも3年」と言われるように、次第に馴染んで状況は好転するだろうと考えていました。これまでは、仕事への期待が高すぎたのです。

ところが、入社後3年目を迎えても、職場では孤立したまま、CAの仕事にやりがいは見出せませんでした。

一度、通勤途中に交通事故に巻き込まれ、足を怪我して1週間の入院を余儀なくされたことがありました。病院で目覚めた時、「これで仕事に行かなくていい」とほっとしたのを覚えています。

この頃から、既に軽い鬱状態が始まっていて、精神科にも通院していました。遅かれ早かれ仕事は続けられなくなると思っていましたが、一番気がかりだったのは母親です。こんな形で退社するなんて、きっとがっかりさせるだろうなと思うと、なかなか踏ん切りがつきませんでした。

CAよりも社会的信用のある職種とか、企業に転職できないものか悩んでいました。弟に公務員に向いていると言われたことを思い出し、調べていたところ、目に入ったのが法科大学院の募集です。以前、何かの雑誌で、ＣＡから司法試験を受けて検察官になった女性の記事を見たことがありました。

「これだ！」

私は雷にでも打たれたような衝撃を受けました。ようやく、心にかかっていた霧が晴れ、希望の光が差し込んできたのです。


「ＣＡは女性が長く続けられる仕事ではないと思ったの。法科大学院の募集が始まって、法曹への道が広がるみたいだから、25歳で退社して、30歳からは検察官としてスタートを切ろうと思うの」

私は実家に帰省し、家族に検察官への転身を宣言したのです。母の反応が気になっていましたが、

「まあ、凄い！　真理ちゃんは小さい頃から優等生だったから、すぐに受かるわよね」

母親はあっさりと転職の計画を受け入れてくれました。

「いろいろ挑戦できるのも若いうちだけだから頑張れ」

父親も賛成してくれました。

「真理ちゃん今度は検察官！　かっこいい！」

母親は、まだ大学院にさえ入学していないにもかかわらず、私が検察官になると親戚中に言いふらしており、恥ずかしい反面、自分の評価が下がっていない反応に胸を撫で下ろしていました。

烙印となった学歴

私の大学での専攻は英文学で法学部出身者ではないので、法科大学院は未修者の3年コースを選択しました。初めての分野なので、1年間は予備校に通い、4年後に試験を受け30歳で法曹デビューするという計画でした。

法科大学院の第一志望はもちろん、「東京大学」です。目標は絶対高い方がいいでしょ？　実はCAの同僚に、

「相澤さん、所詮、地方の私大でしょ」

って、学歴を馬鹿にされたことがあったんです。

私も本当は、東京の大学に進学したかったんですが、うちは経済的に余裕がないの

で浪人はできないし、確実な推薦入試で、実家から通える大学を選ぶしかなかったんです。

東大大学院を出て検察官になり、また注目を集めて、職場の同僚たちを見返してやりたいと意気込んでいました。次の目標が定まったことで、鬱からも抜け出すことができたのです。

予備校生活は充実していました。時間を自由に使えて、やりたいことに専念できるのですから。

ところが、入試の結果は散々でした。東大は無理でも、東京六大学のどこかに入れればと思っていたのですが、結局、引っかかったのは、卒業した大学より偏差値の低い大学の大学院でした。

予備校の仲間たちも、有名な大学の大学院には合格できず、進学を断念する人もいました。都内の有名私立大学を卒業している男性は、

「もし司法試験に合格しなかったら、微妙な学歴だけが残るよな……。学費も高いし、烙印になったらと思うと躊躇《ちゅうちょ》する……」

彼が言った通り、学歴は私にとって烙印になりました。この時点で、止めておけば

よかったのです。

ここが、ターニングポイントだったと思っています。公務員試験に切り替えればよかったと……。

それでもその時は、大学院はあくまで試験の切符を得るところで、最終的に司法試験に受かりさえすればキャリアは開けるのだからと進学を決めました。

集まった学生たちは、意外にも私より学歴が高い人たちばかりで驚きました。負けず嫌いの私は勉強に励み、成績は上位でした。

院生生活はとても充実していました。学生たちの年齢もバラバラで、いろんなバックグラウンドを持つ人と話ができました。男女の割合では男性の方が多く、なぜか気が楽でした。女性だけのコミュニティは、CA時代でもうこりごりでしたから……。

順調に3年間を過ごし、最初の司法試験の受験日を迎えました。大学院の成績は良かったので自信はあったのですが、時間配分が上手くいかず、不本意な結果となりました。不合格です。

とてもショックでしたし、30歳で転職という計画が狂い、途方に暮れました。

大学院の学費は奨学金制度を利用していましたが、予備校の費用や生活費は貯金から出していました。アルバイトなどできる余裕はありませんし、あと1年、持つかどうか……。

田舎でひとり受験勉強

一緒に勉強をしていた仲間は全員不合格でした。皆、「1回目だからこんなもんでしょ」とまったく落ち込んでいる様子はありませんでした。

私は彼らの反応を見て、今後は距離を置こうと決めました。なぜなら、私以外の学生は、家が裕福だったり、すでに他の法律資格を持って仕事を始めていたり、たとえ試験に合格しなかったからと言って食い扶持《ぶち》に困るような人たちではなかったからです。

私から見れば、意識が低いというか、本気度が感じられなくて、一緒に勉強するのが嫌になったんです。それに、大学まで通う時間があるなら家でひとりで勉強したほうが余計なお金も使わないと思い、とりあえず引っ越しをすることにしました。

テレビや洗濯機などの家電はすべて売りました。料理する時間ももったいないので、台所用品も不要です。洋服も数着あればいい。これまでは東京のどこに行くにも便利な駅の側に住んでいましたが、埼玉の田舎の物件を決め、家賃は半分になりました。

1年間、机と参考書だけが置いてある部屋で、ひとりで朝から晩まで勉強を続けました。一日中、誰とも話をしない日も多々ありました。

食べることだけが唯一の楽しみとなり、運動もしないので、それまで着ていた洋服はすべて入らなくなりました。美容院にも行かず、化粧もしない。ほとんどパジャマで過ごし、買い物にもジャージで出かけ、だんだんとそれが習慣になっていきました。

実家の家族には、合格するまで帰省しないと伝えていました。

しかし——。迎えた2回目の試験。また、不合格だったのです。私は奈落の底に突き落とされる思いでした。

家族になかなか結果が伝えられずにいると、母から電話がかかってきました。電話を受けた私の声で、母は不合格だと察したようでした。

「難しい試験なんだから無理しなくていいのよ。真理ちゃんだから、お見合いの話もあるんだけど、どう？」

やはり母は先回りしていました。

母としては、最終的に経済力のある男性と結婚すれば満足なんでしょうが、私は専業主婦という選択だけはどうしても避けたかったのです。理由は、母の生き方が、嫌だったからだと思います。経済的に夫に依存した生き方だけはしたくないと、心のどこかで思って生きてきました。

「余計なことしないで!」

そう言って、電話を切りました。

受験制限まであと1回チャンスはありますが、生活費がまもなく底をついてしまう……。

炊き出しの列に並ぶ

近所の公園で、ホームレスの人々を対象にした「炊き出し」の列ができている光景が目に入りました。

若いカップルも並んでいて、思わず私も列に並び、おかずとスープをいただき、おにぎりももらいました。1日の食費を浮かすことができたのです。主催者の方が、毎週開催している時間を教えてくれたので、それから列に並ぶようになりました。

今後の生活費をどうしていこうか……来月には貯金は底をついてしまう。それでも実家に戻ることだけは避けたいと思いました。

「弁護士の○○先生、生活保護受けていた時期もあったって……」

極貧の受験生活を送った法曹関係者の噂も、真偽は定かではありませんが、聞いたことがありました。一瞬、「生活保護」という手段が頭を過《よぎ》りました。受けられるものならば、躊躇はありませんでしたが、問題は扶養照会です。家族に生活保護申請を知られるわけにはいかなかったんです。

途方に暮れているとき、珍しく父親から着信がありました。

「元気か？　ごめんな。母さんがまた余計なこと言ったみたいで」

優しい父は、昔から極端な母の行動をフォローしてくれました。

「まあ、いつものことだから」

「母さん見栄っ張りだから、真理に昔から迷惑かけてたよな」

「何よ、今さら」

父の仕事は忙しく、ふたりで話をするようなことは、これまでなかったかもしれません。

「お父さんできることないけど、少しお金を振り込んでおいたから使って。結果はどうあれ、最後まで諦めないことだぞ。後悔だけはしないように」

父の思いやりに、私は胸が熱くなりました。

翌日、口座を確認すると、父から100万円振り込まれていたのです。私はこのお金で、最後のチャンスに挑むことにしました。

その1年間、会話したのは炊き出しの主催者とホームレス、そして、新興宗教の勧誘の人だけでした。体重はさらに増え、髪は白髪だらけで臨んだ試験。

結果は不合格——。

改めて、「司法試験」のレベルの高さを実感しました。これまで私が経験してきた試験とは比べ物にならないレベルだったんです。

それでも、私は諦めませんでした。当時3回だった受験資格を消化しても、予備試験に受かって受験資格を得るという道が残されていたんです。ここまできたら、とことん、受けるしかないと思いました。

そのために、生活自体を見直さなければならないと思い始めたのです。これほど受験生活が長引くとは思っていなかったので、不摂生も仕方ないと考えていましたが、体調を崩すことが多くなり、集中力も落ちました。生活費もこれ以上、家族に甘えるわけにはいかないので、働かなければならないと思いました。

貧すれば鈍す

私は就職活動を始めました。前職の経験を生かして、子ども英会話教室なら時給はいいし、楽勝だろうと思ったのです。

まず筆記試験がありましたが、これは完璧でした。ところが、2次面接のネイティブスピーカーとの面談では、単語がスムーズに出てこなかったのです。5年以上、生の英語に触れていませんでした。

私はもっと準備しておくべきだったと後悔しましたが、案の定、結果は不採用でした。次の面接は有名ホテルの従業員採用です。

面接官だった女性が、CA出身だと聞いて嬉しくなりました。面接が終了し外に出ると、フロントには著名人の姿がありました。格式の高いホテルで仕事ができるなら、ここに勤めるのもアリか……と、辺りを見回しながら歩き始めた時、

「ちょっといいかしら」

元CAの面接官に呼び止められたのです。

「あ、はい」

彼女は私を、ホテル内の大きな鏡の前に誘いました。

「先輩だから、率直な意見を伝えてあげたいと思って」

面接の時とは打って変わって厳しい目つきでした。

「私に採用の可否を決める決定権はないの。だからわからないけど、あなたが採用されることはないと思う」

「え？」

「あなた、鏡を見てきた？」

女性は私に鏡を見るように促しました。

「今は身だしなみなど気にしていられないと思うけど、10年前、その姿で飛行機に乗

れたかしら？」

私はドキッとしました。

「あなたとても30代には見えない。ブラウスのボタンも取れてるし、スーツのボタンも取れてる。ストッキングは伝線してるし、そんな姿で面接に来た女性はいません。接客業ではありえない。よく鏡を見て、どんな仕事が向いているか、もう一度よく考えてみるべきよ」

そう言って女性が立ち去った後、私は全身が映る大きな鏡の前にしばらく呆然と立ち尽くしていました。

とにかく仕事をしなければと、細身のスーツに無理やり身体をねじ込んだ結果、ボタンははじけ、ストッキングも破れ、すでに美容院に行かなくなって2年以上が経過した髪の毛は白髪だらけでした。

私は明らかに場違いなところにいて、きっと、第三者が見たら、炊き出しに並ぶ姿の方が私にマッチしているのだと、ようやく現実に目が覚めたのです。

新興宗教に入信

2社の面接を終えた後、これ以上面接に行くのは止めようと思いました。昔の同業者に今の私の惨めな姿を見られるのは嫌だからです。我に返り、なんて恥ずかしいことをしてしまったんだろう……穴があったら入りたい、そんな思いが込み上げてきました。

やはり、受験を続けるしか、社会に私の居場所は作れないのか。私はこの時初めて、脳裏にはっきりと「自殺」という文字が浮かんだのを覚えています。

もう、完全に疲れていたのです。失うものも、ありません。踏切の遮断機の音が聞こえてきた時、いっそのこと……と思った瞬間、私の葬式に集まる親戚のことが頭に浮かびました。

「あんなに綺麗で輝いていた真理ちゃんがこんな姿に……」

きっと皆、そう言って哀れむのでしょう。

まず、激太りした姿に驚くはず。嫌だ、惨めすぎる……。生きよう。死んだ後の光景が浮かんだ途端それを打ち消すように、すぐ思い直しました。身内に対してのプライドだけは失っていなかったのです。

私は家によく来ていた新興宗教の人に電話をし、支援を求めると、彼らはすぐに洋服や食べ物を差し入れてくれました。

翌月から家賃が払えなくなりそうだと言うと、仕事が見つかるまでシェルターを利用させてくれるということでした。私は藁《わら》にもすがるしかなく、こうしてよくわからない宗教に入ることになったのです。

信者の人たちは、私に結婚を強く勧めてきました。そして、私に相応《ふさわ》しいだろうという白人男性がいると言われたのです。胸が躍りました。私は密かに、白人男性と結婚するのが夢でしたから。

ところが、私の前に連れて来られた男性は、小柄で小太りで、頭はすっかり禿《は》げ上がった男性でした。とても、同じ位の年齢には見えませんでした。

自分で相手を見つけるのは不可能な男が貧困女子とくっつくのだと、また厳しい現実を目の当たりにしたのです。

それでも、今の私には最高のパートナーかもしれないと思いました。すでにCA時代の面影はなく、寄付された花柄のマタニティドレスしか入らない、肥満で白髪だらけ、ニキビだらけの中年貧困女性ですから……。私は彼とデートをしてみることにしました。

自宅に迎えに来てくれた彼は意外にも高級車に乗っていました。連れて行ってくれたお店も、高級料理店でした。彼は、外資系企業に勤めているエリートサラリーマンだったのです。日本のアニメが好きなオタクです。同僚たちとは話が合わず、プライベートはいつもひとりだと聞いて、昔の私のことを思い出しました。

私は30歳を過ぎていましたが、男性と交際するのが、実は初めてだったんです。久しぶりにお酒が入ったせいか、そんなことまで彼に打ち明けていました。楽しい時間を過ごすことができ、また、彼に会いたいと思いました。

昔の自分に戻りたい

2回目のデートで、早速、彼にプロポーズされました。私がまもなく住むところを失うと言うと、一緒に暮らそうと言ってくれたのです。私たちの宗教では、共に住むには家族になる必要があり、同棲してみてから……というわけにはいかないのです。

しかし、彼も迷っているようでした。なぜなら、彼はアメリカに帰国しなければならず、一緒についてきてくれる女性を求めていました。

そして、妻には結婚後、家事と育児に専念してほしいと。結婚を選ぶと同時に、キャリアは捨てなければなりません。

自分でも意外でしたが、私は二つ返事でＯＫしました。アメリカで暮らすというのは、願ってもいないチャンスでした。親戚のしがらみもなく、私の過去を知る人もいない場所で、一からやり直したいとずっと願ってきたからです。

彼との最初のデートから、次に会うまでの１週間、私は毎朝ジョギングをし、ジャンクフードを控えました。体が軽くなり、出かける前に鏡を見ると、少し、昔の自分に近づいたような気がしたのです。

「将来なんてどうでもいい！　昔の、25歳の自分に戻りたい！」

鏡を見つめていると、急にそんな思いが込み上げてきたのです。彼なら、その願いを叶えてくれると思えました。

彼の家に越してから、私は日中、家事をこなすと同時に、日々、美容院やエステに通い、数ヵ月で20代の容姿を取り戻しました。

夫と一緒に実家に結婚の報告に行くと、家族は皆、喜んでくれました。案の定、母は娘がエリートサラリーマンと結婚すると親戚に言いふらし、

「やっぱり真理ちゃんはかっこいい」

親戚からはそんな反応が返ってきました。私の評価は下がっていなかったようです。

その後すぐに子どもができ、第2子を出産した後、家族4人でアメリカに移住しました。

結局、母と同じ専業主婦になりました。絶対に避けたかった選択肢でしたが、社会に適応できない私が生きていくには、家庭しか居場所がなかったのだと今は受け入れています。

父と弟は気が付いていましたが、私は母にそっくりなんです。勉強は個人プレーなので、そこそこできますが、チームワークができないので、組織の中では活躍できないのでしょう。たとえ、司法試験に合格していたとしても、職務を全うできたかどうか……。

遠回りになりましたが、紆余曲折する中で、本当の私を見つけることができ、振り

返れば楽しい「旅」だったと感じています。挑戦してきたことに全く後悔はありません。そして今、とても幸せな人生を送っています。

ニートからロースクール、そして「ヒモ」になるという生き方
――井上俊（20代）

趣味に明け暮れ、就職を逃す

高学歴イコール高い志を持つ人とは限らないと思います。

僕は小学校から成績はいつも上位でしたが、いい成績を取ると親が欲しいものを買ってくれるので、そのためだけに勉強していました。

高校は、中国地方の進学校で、東京の有名私立大学に合格していますが、受験勉強を頑張ったのは、東京に出て遊びたかったからです。勉強のモチベーションは物や遊びだけで、特に何がしたいとか考えたことはありません。

大学へ行くのは当たり前だと思ってきたし、何をするにせよ、いい大学を出ておくに越したことはないじゃないですか。周りも何がしたいとかいうよりも、まずいい大学を出て、いい会社に入って、いい生活をするために勉強していた人がほとんどだったと思いますけどね。

高校からバンドを組んでいて、東京で本格的に音楽活動がやりたいと思っていました。大学でも音楽に明け暮れて、ほとんど授業に行った記憶はないです。卒業もギリギリだったと思います。

もちろん、就活なんかしてません。本当は、音楽の道に行きたかったですけど、食べていけるようなレベルには到達できず……。でも、若い時にしかできないことってあるじゃないですか。だから別に後悔はないですけど。

卒業後はお金がなくなって実家に戻ってニート生活をしていました。

肩身が狭い中、一応法学部だったんで、ロースクール（法科大学院）を受けてみようかなって親に話したら、学費を出してくれるって言うので、地元の国立大学のロースクールに入りました。

僕の周りには、司法試験に受かっている人が割といたんですよ。彼らがそこまで優秀だとも真面目だとも思えなくて、イケるかなと甘く考えていました。結局、三振（3回不合格）しちゃいました。

大学院で彼女ができたんですが、彼女はすぐ合格したんですよ。実家に居づらくなり、彼女の家で同棲するようになりました。まあ、ヒモですね。

彼女の実家は大きな会社を経営していて、裕福でした。うちも、経済的に余裕がない家庭ではありませんでしたが、彼女の実家とは比べ物になりません。

それで、僕のことを心配した彼女が、親に頼んで僕を彼女の父親が経営する会社に入れてくれると言うんです。

ただ、はっきりとは言われませんでしたが、彼女とは結婚しなくちゃなんないなと。正直、これでいいのかなと思うところもありましたが、彼女のことは好きだし、こんなチャンスはそう転がっていないと、結婚を決めたんです。

MBAと揶揄される

「おまえほんとにそれでいいのか！」

結婚の報告をした人から、ほぼ100パーセント言われた言葉です。祝福してくれたのは、彼女の両親くらいですかね。

僕の家族は反対こそしませんでしたが、かなり微妙な反応でしたし、友人から思い止まるように説得されたこともありました。

難民化した女子の中には、結婚して専業主婦になる子もいましたし、僕と妻の性別が逆なら何も問題にならないと思うんですよ。これって、差別じゃないですか。

大学院の友達からは、

「お前の称号はMBAだな。M（みじめ）B（ぶざま）A（あわれ）」

って、馬鹿にされました。彼らにとってはふざけただけかもしれませんが、相当傷つきましたし、落ち込みました。

嫉妬もあると思うんですよね。三振した人の中には自殺する人もいるみたいだし、失踪、生活保護、良くても非正規社員で生きていくしかないんですよね。結婚なんて無理でしょうね。僕は十分な報酬はもらえるし、家庭もあるし、何と言われてもラッキーなんですよ。

職場は都会で便利だし、会社も良い人ばかりです。

僕にとってはここが終着点だと考えていますし、試験に再挑戦しようとも思わないのですが、悩みと言えば、妻はこのままでいいと言ってくれるのですが、それでは済まされないような空気があるんです……。

職場の人から「勉強があるなら早く切り上げていいよ」とか、気を遣われていて……。税理士や司法書士の資格を取る人もいるし、貧困や虐待問題などの支援活動に取り組む人たちもいる。とにかく、意識の高い人々が集まる職場で、彼女の両親からも何か期待されているような空気を感じるんです……。

大学院に入って改めて実感したのですが、僕が仕事に期待することは余裕のある生活ができる額の報酬、それだけです。だから今は、与えられた仕事はきちんとこなしますが、それ以上のキャリアとか、社会貢献なんて全く興味はありません。

仕事は楽ではないので、休日はしっかり休みたいですし。男として、こういう生き方は駄目なのでしょうか……？

屈辱を味わった法律事務員がタクシー運転手になるまで

——上田信彦（30代）

合格した後輩との格差

私も「三振」で、彼女が先に合格しましたが、その後すぐに別れました。妻に養われるようになるくらいなら死んだほうがマシですね。それだけは嫌です。

私は九州地方の田舎で育ちました。幼い頃からスポーツをやっていて、体育会系でもあるので、男尊女卑とか先輩後輩の上下関係とか、古い価値観が染みついていると は自覚しています。

地元の進学校から一浪して、地元から遠く離れた地方の旧帝国大学のひとつに入学しました。遠方を選んだ理由は、地元の旧帝大は後輩もよく進学しているので、後輩と一緒になるのが嫌だったからです。法学部だったので弁護士を目指して、そのまま法科大学院に進みました。

三振してから、とりあえず先輩の紹介で法律事務所に事務員として就職しました。大学院の学費の借金もあり、フラフラしているわけにはいかなかったので……。

私は家庭教師や塾講師のアルバイトくらいしか経験がないので、接客はまるでダメでした。ベテランの女性職員からいつも言葉遣いとか態度を注意されていました。彼女たちは高卒か、せいぜい短大卒です。彼女たちの下で働くこと自体が私にとってストレスでした。

最大の屈辱は、大学の後輩が司法修習生として事務所に来たことです。

「上田先輩！」

後輩がそう言って駆け寄ってきたので、とりあえず、

「○○久しぶり」

と呼び捨てで返すと、女性事務員から、

「ここは職場なので、せめて『さん』付けしてください」

と叱られたのです。

この瞬間、なんだか後輩はもう、別世界の人間だと分断されたように感じました。

私はいたたまれなくなり、1ヵ月半で事務所を辞めて、実家に戻ったのです。

両親との確執

私はすでに27歳になっていました。何の資格もキャリアもないまま、年を重ねれば就職は遠のくばかりで、私も焦ってはいました。だからと言って、地元で親のコネは使いたくなかったのです。

それでも両親は、ニートは困ると言って、知人の会社に入るよう毎日のように説得されました。私は試験を受けるのにあと1年間だけ実家においてほしいと頼んだのですが、追い出されこそしないものの、とにかく働けと、聞き入れてはもらえませんでした。

私の高校は地元では有名で、卒業生には政治家や起業家として活躍している人もたくさんいます。大学院まで出て無職という私の姿を彼らに見られたくありませんでした。だから、地元での就職は嫌だったのです。

助け舟を出してくれたのが、東京で働いている年の離れた兄でした。兄も長期の受験生活を経てなんとか司法試験に合格した弁護士でした。兄はとりあえず1年間、友人と経営している法律事務所の事務員として雇ってみてもいいと言ってくれたのです。

私は内心、法律事務所の事務員はこりごりだと思いましたが、親元にいるよりはましだと考え、上京しました。

兄の事務所の職員は全員男性で、事務員同士の仲はよく、信頼できる人たちでしたが、また後輩とか、同じ大学の法曹関係者に会わないか、内心、びくびくしながら働いていました。

地方の大学ですが、司法試験の合格者を多数輩出している大学なので、東京に来ても卒業生に会うリスクはありました。気にしても仕方がないと思われるでしょうが、自分としては嫌なんです。兄だけは、その気持ちを理解してくれていました。

それでも、同じ大学の出身者に会わない業界と言えば、肉体労働とか、元体育会系とはいえ今の私には向いていない職種ばかり……。

東京の生活は地元に比べて楽でしたが、僕は運転が趣味なので、車もなく、運転ができないことが残念でした。

「タクシー運転手でもやってみたら」

兄は冗談で言った提案でしたが、私は運転が恋しくなり、面接に行ってみることにしたのです。

密かにタクシー運転手

面接を受けた途端、私はすぐにここで働きたいと思いました。面接で主に聞かれたのは、体調のことです。持病を隠していないかとか、服用している薬とか、事故につながるリスクに関することだけで、経歴には触れられませんでした。

法律事務所の面接は形式的で面倒くさかったのです。「試験に受からないからここに来ただけ」ってことは、わかっているくせに……。

ここでは学歴を聞かれることもないし、正直、こんな素晴らしい世界があるのかと思うほど、私に向いている気がしました。

私も地方出身者ですから、東京の電車の乗り換えなどがよくわからず、タクシーを利用してしまう年配の方の気持ちもわかるので、いろいろアドバイスをしてあげるととても感謝されます。有名人を乗せたこともあるので、今日はどんな出会いがあるのか、毎日、ワクワクするような気持ちになることは久しぶりでした。

交友関係も広がり、昔ほど、後輩とか卒業生といった存在は気にならなくなりました。振り返ると、私はすごく狭いコミュニティにいて、つまらないことにコンプレックスを感じていたことに気づかされました。

ひとりで生活していくだけの給料は支払われていますし、貯金もできていますから、私はしばらく今の仕事を続けたいと考えています。ネックはただ一つ、実家の両親です。

有名大学を卒業していますし、教育にもお金をかけてくれていましたから、私の選択にはきっと納得いかないのではないかと思います。兄も同じことを考えていて、両親にはしばらく、兄の会社で働いていると嘘をついてごまかすことにしています。

「法務博士」たちの行方

法科大学院を修了すると「法務博士」の学位が授与されます。しかし、「博士」といってても司法試験受験の切符のようなもので、司法試験に合格できなければ烙印にさえなりうるという人もいました。

相澤真理さんが通っていた大学院は、合格者が出ず、早々に募集を停止し、廃校になっています。法科大学院が設立されたばかりの頃は、学部時代からずっと勉強を続けてきた人たちも数多く入学したことから、相澤さんのような初学者が飛び込むにはハードルが高かったという話もよく聞きます。

一方で、井上俊さんや上田信彦さんが入学した大学院は、多数の合格者を輩出し続けています。上田さんは、名門校出身ゆえに、合格者と難民の格差に悩まされていました。

大学院の所在地で法律事務員をしていた上田さんは、合格していく後輩たちの姿を目の当たりにするたび、自分を卑下するようになっていたと告白しています。完全に違う職種に着地点を見出せたことはよかったのではないでしょうか。将来は会社の経営をしたいと話しており、大学院で学んだ法律の知識も活かすことができるでしょう。

相澤さんは迷走の末、入信した宗教団体で最良のパートナーに巡り合い、海外で幸せに暮らしているようですが、真面目で世慣れていない高学歴難民は、新興宗教から狙われやすいといえます。

1995年、地下鉄サリン事件を起こしたオウム真理教にも多くの高学歴難民がいました。

行方が分からなくなっている法曹難民は数多く存在しますが、無事を祈るばかりです。

第３章　海外留学帰国難民

海外留学は損か得か

海外留学と言えば聞こえはいいですが、就職に必ずしも有利に働くとは限らず、むしろ経歴にブランクができるデメリットを気にする学生も少なくないようです。語学に関しては、オンラインでの学習や教材の種類も増えており、費用をかけて海外まで行かなくても国内で身につける人々も増えています。

海外の大学で学位を取得することに成功したにもかかわらず、現地でも日本でも就職できずに難民化してしまう人々が存在します。

海外で学ぶ選択をするということは、国内では得られない経験や知識を獲得しようという積極的な姿勢を感じますが、海外留学帰国難民の本音からは、意外な理由が語られています。

彼らは何を求めて国を離れ、帰国後、日本社会をさまようことになってしまったのでしょうか。

冒険の人生に迫ります。

日本社会に馴染めない「帰国子女難民」の行方

――江崎奈央（50代）

米国での学生生活が面白く博士課程へ

私は小学校3年生まで、父の仕事の関係でアメリカで育ちました。日本に戻ってからは、バイリンガルだったので、いろんな面で得をしていました。小、中、高と学校では友達も多く、人気者だったと思います。

高校まで地方都市で暮らしていたのですが、大学はアメリカに戻りたいと考えていました。理由は、ただ遊びたかっただけです。大学は専攻より場所で選びました。

アメリカの大学に合格してからの4年間はひたすら遊びましたね。悪いことも覚えてしまったかもしれません。要領がいいので成績は良くて、大学院にも簡単に進学できました。

研究をしたいわけではなかったのですが、付き合っていたアメリカ人の彼氏と離れたくなくて、楽なまま学生生活を続けてしまったんです。彼氏は飲食店でバイトをしていて、会社で働く気はない人でした。生活力のない人で、結婚したら苦労すると思い、25歳の時、別れることにしたんです。

博士課程まで進学していた私は、田舎の大学であれば研究者のポストもあると言われました。ただ、アメリカの田舎って本当に何もないので、人里離れた山奥で生活するくらいなら、もう日本に帰ろうと思ったんです。

東京にいる伯父が出版社を紹介してくれて、帰国後は東京でOL生活をすることになりました。入社時は27歳で、正社員採用です。

裕福な家庭で育っていたこともあって、「氷河期」とか「就職難」とか、当時の私にはまったくピンと来ていませんでした。日本の友人たちにはもったいないと言われたのですが、この会社は半年で辞めてしまったんです。

仕事の中には面白いと思えることもあったのですが、無駄だと感じる会議は多いし、職場にはまったく馴染めなかったんです。

午後5時になったらすぐ退社して、いつも六本木で遊んでいました。外国人がたくさん集まるバーによく行っていたのですが、そこで知り合ったアフリカ出身の外国人が最初の夫です。

六本木のバーやクラブをいくつか経営している会社の副社長で、お金を持っている人でした。彼に会うたび会社の愚痴をこぼしていたのですが、ある時、自分の店で働かないかと誘ってくれたんです。ウェイトレスですが、手取りの給料も多かったし、お客さんと飲みながら話したりすることも多くて、遊んでお金をもらっているようなものでした。

彼からプロポーズされ、30歳になるまでには結婚したいと考えていたのでOKしたんです。

私はできれば子どもは作らずに、ふたりで仕事をして生きていきたいと考えていました。夫は過去に結婚歴があり、すでに元妻との間に子どもがいたんです。だから彼も「家族」というより、恋人同士のような夫婦でいたいと話し合ってきたうえでの結婚でした。

ところが夫は保守的で、「妻」になった途端、仕事は辞めてほしいと言われました。夫は職場の上司でもあり、結婚後は周囲も気を遣うと思い、仕事は辞めました。

孤独な国際結婚

職場で毎日のように顔を合わせていた夫は、結婚してから家に帰って来なくなりました。仕事が忙しいと、新婚旅行も延期されていました。夫の態度を見ていると「釣った魚にエサはやらない」タイプなんだと、正直がっかりしました。

女性関係が派手なことにも気が付いていました。一夫多妻のお国の人ですから、日本人とは感覚が違うことは百も承知でしたが、それでも、結婚後、妻は特別に扱われるものだと期待していました。いつも私が眠りについた明け方に一度自宅に帰ってきて、花束やプレゼントが置いてあるのですが、肉体関係はなくなり、会話さえしなくなっていきました。

一体、何のために結婚したのだろう……。「離婚」という文字が頭に浮かんだ頃、事件が起きました。

土曜日の朝です。私はまだ眠っていましたが、繰り返されるインターホンの音に応えると、突然、刑事がふたり、夫に話を聞きたいというのでした。

夫は会社のお金を横領した疑いがあるということでした。このマンションにも家宅捜索が入るし、近いうちに出ていかなければならなくなると言われ、私は頭が真っ白になりました。

実家に帰るという選択肢はありましたが、私はまだ東京にいたかったのです。夫は行方不明になっており、自宅には警察だけでなく、いろいろな人から電話が来ていました。見知らぬ人が訪ねてくることもあり、居留守を使っていると、

「コラ！　いい加減出てこい！」

などと、大声で叫び出す人もいました。私は恐怖で警察に相談しましたが、とにかく一日も早くこのマンションを出た方が良いと言われ、途方に暮れていた時、夫の上司である社長が自分の所有するマンションの一室を貸してくれるというのです。

社長は夫より年下でしたが頭の良さそうな魅力的な男性でした。何度か話をしたことはありましたが、夫が彼を良く言わなかったので、親しくなることはありませんでした。しかし、このような状況で他に頼ることができる人など見当たらず、藁にもすがる思いで彼の厚意に甘えました。

用意されていたのは港区にある高級マンションで、一瞬、まるで芸能人にでもなっ

たかのような気分でした。

彼を頼るようになってから、彼と男女の関係に発展するまでそれほど時間はかかりませんでした。彼の紹介で弁護士をつけてもらい、無事に夫との離婚を成立させました。

彼は私に、所有しているバーやカフェの経営を任せてくれました。私は新しくオープンするお店の内装についてデザイナーさんと協議をしたり、メニューを考えたりと、この時期は人生で最も充実した日々を過ごしていました。

彼も忙しい人でしたが、私たちは結婚し、グアムの教会で式を挙げました。実家の家族も私たちの結婚をとても喜んでいました。

逮捕と借金

結婚して1年が過ぎた頃、夫はシンガポールに1ヵ月出張に行くことになりました。私も忙しい時期だったので、それほど気にかけていなかったのですが、夫が日本を発って数日後、いろいろな人から夫と連絡が取れないという問い合わせが来るようになりました。

確かに、私が携帯に電話をしてもメールをしても、返信はありませんでした。おかしいと思い、滞在先のホテルに問い合わせると、宿泊客に夫はいないと言うのです。私はとても嫌な予感がしました。

そして、休日の朝早く鳴ったインターホン。私は警察だと察しました。ところが、警察は夫ではなく、私に事情を聴きたいと言うのです。私は警察署に連行され、後日、逮捕されました。容疑は詐欺罪です。

夫はどこに逃げたのか、指名手配中でした。私は警察から話を聞いて初めて、私も元夫も社長である彼に嵌《は》められていたことに気が付きました。

元夫から、今の夫は金のためなら平気で人を裏切る人だから、信用してはいけないとは聞いていたんです。彼は日本で生まれ育っていますが日本国籍はなく、ビジネスパートナーとして結婚する日本人女性を探していたようでした。私は彼にとってただの「カモ」だったのです。

私は夫を信じて、内容のよく分からない契約書に何枚もサインしてしまっていました。私名義で借りた借金もありました。当然、法的には責任を問われる立場にあったのです。

両親から実家に帰ってくるよう言われるのが嫌だったので、元夫が逮捕された時は、家族に連絡はしませんでした。

しかし今回は、そんなことを言っている余裕などなく、すぐに家族に連絡し、都内で弁護士をしている伯父に面会に来てもらいました。

私はカフェやバーの運営を任されていましたが、お金の流れには全く無頓着でした。伯父とアソシエイトの弁護士ふたりが早急に動いてくれたおかげで、私は不起訴処分となり釈放されました。

私がうっかりサインをしてしまった契約書の中で、無効にできたものもありましたが、1000万円以上の借金を背負うことになり、半分は家族に返済してもらうことになりました。

今まで他人のお金で遊び暮らしてきたつけがやはり回ってきたんです。そんなうまい話はあるはずなかったんです。私は自業自得だと思いました。

釈放される前日、私は伯父から衝撃的な事実を告げられました。

「実家のご両親にはもうお金がないんだ。奈央ちゃん、ちゃんと聞いてないんじゃないかと思って……」

両親には多額の示談金を負担してもらい、なんとか起訴されずにすんだのですが、弁護士ふたりの報酬は支払われていないと言うのです。

「お父さんもお母さんも甘すぎるからね……。借金の返済も残ってるんだから、自分でお金を稼がなくては駄目だよ」

伯父の言葉に、ただただ申し訳なくて、私は返す言葉もありませんでした。

働かない家族

父は外資系企業に勤めていて給料は高かったようですが、すでに退職して年金生活でした。

母は、学歴に拘る、いわゆる「教育ママ」ではありませんでしたが、専業主婦で実家も裕福だったので、子どもたちにはいろんな経験をさせてあげたいと、出費を惜しみませんでした。

私には姉と弟がいて、私たちは小さい頃から楽器やダンス、スポーツなどを習っていました。姉だけは日本の私立大学に進学し、卒業してまもなく結婚しました。姉は、仕事どころかアルバイトの経験もないと思います。既に3人の子の母親になっていましたが、夫の給料は父ほど良くはないようで、子どもの塾やお稽古ごとのお金が足りないと、度々実家に来ては母にせびっているようでした。

弟は大学からアメリカに行って音楽と演劇の修士号を取得していました。ヨーロッパに留学した後、大学院の博士課程に進んだようですが、正直、何になりたいのか私にはよくわかりません。とにかく遊ぶことしか頭にない弟でしたから、働くのが嫌で大学に籍を置いてるんだと思うんです。弟もまもなく30歳になりますが、一度も働いた経験はないでしょう。

親の資金はすでに底をついていました。釈放された私は、東北地方の田舎にある実家に戻り、車で1時間の通勤時間になりますが、都市部の大手英会話学校で働くことになりました。パートで講師から始めましたが、いずれは正社員に昇格し、ネイティブの講師たちを研修する立場になりたいと考えたのです。

詐欺罪で逮捕された私が言うのもなんですが、この英会話学校こそ詐欺だと感じました。日本人スタッフの英語は幼稚園児レベルだし、生徒が求める英語なんてせいぜい旅行に必要な会話程度だから、ネイティブもそれに合わせてるんです。

外国の料理でも本場の味そのものより、日本人のテイストに合わせた方が流行《はや》るって言うじゃないですか。まさにソレですよ。ただ、「本場」にいた身としてはあまりにお粗末な内容に呆れましたが、

「気に入らないことがあったらすぐ辞めるんじゃなくて、改革できるようなポジションまで昇りつめて自分で変えたらいい」


と弁護士の伯父から言われた言葉を思い出し、「石の上にも3年」という諺《ことわざ》も学んだので、3年は働いてみようと決めていました。

社内では私が一番高学歴でしたが、まったく評価はされませんでした。なかなか正社員には採用されず、収入が足りないので、他の子ども英会話学校でも講師をかけもちするようになりました。

日本人の講師は地元の短大や女子大卒で、私の学歴とは比べ物になりませんでしたが、地元での評価は彼らの方が高いのだと思うと、なんだかとても惨めな気持ちになりました。

32歳の頃、勤務先で出会ったオーストラリア出身の白人男性と交際するようになり

ました。彼は私より少し年下で、交際して間もなくプロポーズされました。

しかし、2度の結婚に失敗している私はなかなか返事ができませんでした。彼はクリスチャンで、これまで交際してきた男性とは正反対の真面目な男性でした。正直、少し物足りないと感じることもありましたが、家庭を築くならこういう男性が最適だと、三度目の結婚を決めました。そして私たちは、会社を辞めてふたりで英会話学校を開くことを考えたのです。

英会話学校の開業は本当に大変でした。私にはまだ返済していない借金が残っていたので運営資金を借りることができなかったんです。それでも1年後には何とか生徒さんも集まるようになり、軌道に乗せることができました。

都会で生活していた頃は、子どもが欲しいとは思いませんでしたが、田舎暮らしで、子どもにも良い環境だと感じ、2人の子を授かったんです。結婚して10年間は、平穏な日々が続きました。

3度目の事件

10代、20代の私を知る友人は、すっかり「田舎の主婦」という雰囲気に変わった私の姿に、口を揃えて「意外だ」と言います。2人の子育てに精一杯で、40歳を過ぎた頃には、自分の趣味や着るものにさえ関心がなくなっていました。

そんなある日、教室を閉め、帰宅の準備をしていたところ、ひとりの生徒の保護者が訪ねて来たんです。

「ちょっといいですか！　話があるんです」

私と同じくらいの年齢で、とても派手な印象の女性です。女性は、教室を閉めようとしている私に、話をさせてほしいと強引に中に入れるように言いました。女性は椅子に腰掛け足を組むなり、

「ご主人、うちの娘に手出したでしょ！」

と問い質し始めました。

「え？　まさか！」

私は思わず叫んでしまいました。

「娘から全部、聞いたのよ。どうやら、付き合い始めたのは18歳になる前からじゃなかったかしら？」

その生徒さんは、留学準備をしていた高校生でした。生徒さんの中でも、遅くまで教室に残って夫と話をしていました。自宅が遠いので、夜、私や夫が車で送っていったこともある子だと思い出しました。高校卒業を機に日本を離れると話していて、レッスンもだいぶ前に辞めていたはずでした。

ところが、彼女は精神のバランスを崩し、自宅に引きこもってしまっているとのこと。その原因が夫との関係だと言うのです。

「治療ができるいい病院がある都会に引っ越さないと……」

母親は、私たちにそのための費用を負担するよう言いました。それができなければ、警察に被害届を出すと言うのです。田舎なので、事件になることは被害者にとっても加害者にとっても致命的だと感じました。

ここには、私たち夫婦だけでなく、両親や親戚たちも住んでいます。事件になれば、親族全体がここから出ていかなくてはならないような状況に追い込まれるかもしれないのです。私は、東京で逮捕された時の、何倍もの恐怖を味わいました。

「僕は責められるようなことなんかしていない！」

夫に問い質すと、彼は彼女との関係を否定しました。しかし、彼は私の知らないところで、彼女とふたりきりで何度も会っていたことは事実でした。

「彼女は家族のことで悩んでいて、相談に乗っていた。彼女と話がしたい！」

親族全体の生活が危機に晒されているというのに、彼女の心配ばかりする夫に腹が立ちました。

「今すぐ出て行って！」

私たち夫婦は、私の両親と二世帯住宅で暮らしていました。私は夫と寝食を共にするのが嫌になり、夫にはしばらく教室で寝泊まりしてもらうことにしました。

夫は逮捕されても闘う覚悟で、弁護士に相談に行っていたようです。しかし、夫には弁護士費用を払う余裕などありません。真実は第三者にはわかりません。それでも夫の行動に疑われても仕方がない隙があったことは事実なのです。私は彼女の母親に200万円を支払い、示談書を交わしました。

ようやく東京での借金の返済を終えたと思った矢先、また、借金をしなければなりませんでした。

終着駅は故郷

事件を知らない両親も子どもたちも、自宅に帰って来ない夫のことは、よくある夫婦喧嘩くらいで気にかけている様子はありませんでした。夫からは毎日のように「僕は君を裏切っていない」「理解してほしい」といったメールが届いていました。

私はこの事件によって、目が覚めたような気持ちになりました。夫と家族4人の生活が幸せなのだと錯覚していたのかもしれません。

2人目の子が生まれてからは、夫婦生活はありませんでした。年齢的にも夫は欲求はあったでしょうし、浮気をされても仕方なかったかもしれません。私にとって、夫との間の溝は、肉体関係がないことよりも、年々、心が離れていっていることでした。

夫は真面目で人柄もいいのですが、仕事ができる人ではありませんでした。オーストラリアの田舎で育っているので、訛《なま》りが出てしまうこともあるし、日本語はまったく上達しませんでした。

それでも、日本の英会話学校では白人を看板にしなければ、生徒が集まらないのです。夫はただ子どもたちと遊んでいるようなもので、運営や経理はすべて私が担って成り立っていました。それでも私に名前はなく、「○○先生の奥さん」でした。

もう限界だったのかも……そんなことを思いながら教室のあるビルに向かうと、救急車が止まっていました。

「江崎さん！　ご主人が怪我をされて……」

担架で運ばれている夫の姿が見えました。私は急いで救急車に乗り込みましたが、夫は既に息を引き取っていました。

夫はビルの7階から転落しており、発見されたのは朝だったようです。夫に飲酒の習慣はありませんでしたが、その日は大量のアルコールを摂取していたようでした。警察によれば、自殺の可能性が高いということでした。

夫が亡くなってから、多くの教え子や保護者が花束やお供え物を持って自宅に訪ねてきてくれました。

「ご主人、鬱病だったんですってね？　真面目な方だったし……」

夫の死の原因について、私たちは一言も話していないにもかかわらず、世間は勝手に「鬱病」と断定したようでした。

「大変な時かもしれませんが、教室は閉めないで、奈央先生に教えていただきたい」

有り難いことに、そう言って励まして下さる方々がいたことから、しばらくは自宅の一室を教室にしてレッスンを続けることにしました。子ども2人を養っていかなければならず、いつまでも涙に暮れている余裕はありませんでした。

夫を失ってから、救世主になったのがニューヨークから帰国した弟でした。案の定、高学歴難民で生活費が底をついて実家に戻ってきたのです。

両親も高齢になり、ニート生活を支える余裕はないので、弟には仕事を手伝ってもらうことにしました。弟の英語は夫のような訛りがないし、完璧でした。弟は楽器もできるし、演劇も学んでいるので、英語劇など身体を使って英語を身につける学習法が、子どもにも保護者にも大人気となりました。

私も弟も旅をしてきましたが、実家のある故郷が、人生の終着駅だと気がついたのです。親族には迷惑ばかりかけてきましたから、これからは弟とふたりで両親が残してくれた家やお墓を守っていきたいと考えるようになりました。弟は地元の女性と結婚し、現在、英会話教室は弟夫婦に任せています。

私は地元のスーパーで、正社員として働くようになりました。

そして、50歳になってようやく、私は人生の目標を見つけることができました。現在、副業として、留学や海外の大学受験のコンサルタントや英語での論文指導などをしています。

将来、子どもたちが独立したら、専門の会社を立ち上げたいと考えるようになりました。経営で何度か失敗しているので、家族に迷惑をかけないで実現するためにはもう少し時間がかかりそうです。それでも目標ができたことで、今の仕事も楽しいと思えるようになりました。

かなり遠回りしたかもしれませんが、これまでの経験はすべて自分にとって必要なことだったと考えているし、いつか、困っている人、人生に迷っている人の役に立つ情報になればいいなと思っています。

幸せは、誰かに与えられるものではなく、自分で探して摑《つか》み取るものだと実感しています。それだけは、真実だと思っています。

表向きは「社会貢献」月収10万円の漂流生活

——岡本正樹（40代）

リベンジ留学

僕は四国の田舎で「島」と呼ばれる小さな町で育ちました。実家は漁業で成功していて、それなりに裕福でした。

漁師町にありがちなマッチョな男社会で、僕は子どもたちのカーストの中では下位だったと思います。男の子の遊びといったら野球かサッカーですが、僕は球技が苦手で遊びの時間がとても苦痛でした。勉強はよくできたので、むしろ家で勉強していたかったのですが、仲間に入らなければ「ガリ勉」といじめられるコミュニティなんです。

運動神経が悪かったわけではなく、水泳やマラソンは得意で、中学時代は水泳部、高校は陸上部に所属していました。

高校時代の部活での出来事は、今思い出しても胸が苦しくなるほどで、とても忘れることはできません。

僕は、駅伝の選手として大会出場のメンバーに選ばれていました。僕たちのチームは全国大会にまで進み、地域中が盛り上がって応援してくれていました。

過酷な練習が続き、プレッシャーもあって、僕は体調に不安を感じていました。その日も朝から体調がすぐれませんでしたが、とても言い出せるような雰囲気ではなかったのです。案の定、僕は途中で倒れてしまい、チームは棄権となりました。

病院にお見舞いに来てくれたコーチは、自分を責めるなと何度も励ましてくれました。それから学校に行って誰かに直接責められるようなことはなかったのですが、腫れ物にでも触るような空気に、僕はいたたまれなくなってしまいました。それから不登校気味になり、ギリギリ卒業はできたのですが、こんな僕に声をかけてくれる友達はひとりもいませんでした。

学級委員にすら選ばれたことのない僕の夢は「政治家」でした。修学旅行で国会議事堂を見学した時、いつか国政選挙に出て日本を変えたいと思うようになったのです。

大学は、東京の六大学のどこかに入りたいと考えて受験しましたが、すべて不合格でした。ショックだったのは、僕が不登校になる前、成績はずっと下だった同級生たちが東京の有名大学に次々と合格していたことでした。この屈辱が、留学を決意させたのです。

僕は長期の休みを利用してアメリカでホームステイしたことがありました。ホストファミリーとはずっと連絡を取っていたし、ネットで海外の友人もいたので、海外に行くことには抵抗はありませんでした。卒業と同時に渡米し、語学学校を経て、希望の大学に合格することができました。

「水を得た魚」って言うんですかね。アメリカでの僕は、それまでにないくらい、イキイキしていたと思います。

田舎のコミュニティって残酷です。子ども時代のカーストが大人になるまで続くのですから。田舎で僕はいつもどこか、肩に力が入っていたような気がします。昔の僕を知る人が誰もいない世界は本当に快適でした。

リベンジ進学

学部では公共政策学を学び、大学院ではMBA（経営学修士）を取得しました。

やはり僕のゴールは、国会議員になることでした。

帰国後は、まず日本の大学で公共政策学の博士号を取得したいと思い、有名国立大学の博士課程に入学することができました。試験自体は難なくクリアした気がしました。

ところが研究室に入ってみると、日本の一流大学を卒業してきた学生の方がはるかに優秀なことに気づかされました。元官僚や海外のNGOの職員を経験している人もいて、僕はあらゆる面で彼らに劣っている気がしたのです。

教授には、ここにはいろんな経歴を持った人々が来るから、親しくなってネットワークを作るといいと言われたのですが、どうも気後れして、対等に話をすることができませんでした。

アメリカの大学では積極的に発言する方でしたが、研究室では何か言えば恥をかくのではと不安に駆られ、自分から発言することができなくなりました。意見を求められると、途端に緊張して汗だくになってしまうのです。

劣等感に苛まれ、自分の殻を破れない僕は、必要な授業だけに顔を出し、誰とも交流できませんでした。論文はひとりで書けるのでなんとか学位を取得しましたが、その先のルートは見つけられず、30歳で無職になりました。

社会活動家を目指して

僕は国際貢献のNGOで仕事をしたいと考えていて、卒業と同時にボランティアで参加していた国際人権団体のスタッフに採用してもらうことになりました。

しかし、ここにはアルバイト枠しかなく、月給8万円。これでは生活していけません。ただ、海外のNGOと共同のイベントを企画したり、英語のニュースレターを作成したりする仕事には非常にやりがいを感じました。僕には職歴がないし、ボランティアの経験も少なかったので経験を積みたいと思い、実家から仕送りを続けてもらって5年間アルバイトをしました。

この団体は、それほどメディアの注目を集めることはなかったのですが、「社会活動家」として活躍している人々を招聘《しょうへい》して講演会を企画することがよくありました。彼らを見て、僕も将来は講演をしたり、本を書いたりするような人になりたいと憧れを持つようになりました。

他のスタッフも皆、僕同様に高学歴難民で、一体どうやって生活を支えているのだろうと、内心、疑問に感じていました。それでも結婚したり、就職先が決まったりして、30代半ばにはこの職場を離れていくようでした。

ちょうど35歳になり、実家からの仕送りが断たれ、アルバイトを探さなければならなくなった頃、他のスタッフから国会議員の私設秘書を募集しているという話を聞き、僕はすぐ面接に行くことにしました。

選挙も近い時期に欠員が出たようで、僕はすぐ採用になりました。議員のことは初めて知りましたし、特別、政治理念に共感したというわけでもありませんでしたが、とりあえず経験して損はない仕事だと思いました。

希望を胸に出勤したのですが、僕の仕事は雑用ばかりで、それでもなかなか仕事を覚えられませんでした。とにかく忙しく、丁寧に仕事を教えてくれる人はなく、「わからないことがあったらすぐに聞いて」と言われる割には聞いても教えてもらえず、最初はとんだところに来てしまったと困惑しました。それでも、ひとりで生活していける程度の給料は支払われていたので、仕事にやりがいを感じることができました。

ようやく仕事に慣れてきたと思った頃、選挙で議員は落選。また無職になってしまいました。

理想と現実のギャップに苦しむ

当時、交際していた彼女と同棲生活を始めており、家賃を折半していたので、失業中もなんとか東京での生活を続けることができました。

僕は知人の伝《つて》で、小さな出版社を紹介されました。僕は出版の世界にも興味関心がありました。著名な作家と接点を持ち、ベストセラーを手掛けてみたい……出版社と聞いて、一瞬、そんな妄想が浮かびましたが、この会社はそういった多くの人が手に取る書籍を出版する会社ではありませんでした。

ちょうど欠員が出て募集を始めたということで、僕はチャンスを逃さないようにすぐ面接に行き、パートで採用されることになりました。

1年後、僕は正社員採用となり、これまでにない安定した生活を送れるようになりました。同棲していた彼女とも籍を入れました。

ところが、40歳を迎えた頃、僕は精神に支障をきたすようになりました。夜中に悪夢にうなされて飛び起きるようになり、集中力に欠け、食事ものどを通らなくなっていったのです。夢では、生きづらかった子ども時代の夢を何度も見ました。

「岡本、おまえはやっぱり何をやってもダメな奴だな」

そう言って、皆が僕を取り囲んで笑うんです。

「結局、ただの平凡なサラリーマンじゃないか」

次々に、奴らは僕を侮辱する……。

そして終いには、

「おい、リベンジはどうした？　それで終わりか？」

そういった幻聴が何度も聞こえるようになっていました。異変に気付いた妻が僕を病院に連れていき、僕はしばらく会社を休職することになりました。

これまで多々、挫折も経験してきましたが、そのたびに僕は、「次がある！」と不安より期待を抱くことができたんです。

ところが、安定した仕事に就いた途端、「行き止まり」の苦しさ、閉塞感に襲われるようになりました。このままでいいのかと思う反面、年齢を考えたらこの先にチャンスが訪れるとは思えない……。こんなはずではなかった……どこで迷路に迷い込んだのか、僕は出口がわからなくなっていたのです。

現実を受け入れる

「僕には生きている価値がない……」

情けなくも、僕は妻の前で涙を隠せませんでした。

「正樹君は恥ずかしい生き方なんかしてないでしょ！　理想が高すぎるんだよ」

妻はいつもそう言って、僕を慰めてくれました。

議員秘書をしているとき、ある政治家が、政治家や社会活動家になれる人の素質として、「一度会ったら記憶に残るインパクト」と言っていたことを思い出しました。僕にはそれがありません。案の定、その政治家は次に会った時、僕のことを覚えていませんでした。

なぜ、僕は自分には向いていないはずの政治家になりたいのか、それは過去のトラウマから逃げるための現実逃避だったのでしょう。

いつか理想の自分になる、そう思って歩いてきましたが、いつになっても夢は叶わず、限界が来ていたのです。

年末、妻は僕の実家に行きたいと言い出しました。何年も帰っていなかったし、嫌な思い出しかない場所なので躊躇しましたが、結婚したのに妻を両親に会わせないのもかわいそうだと思い、帰省することにしました。

「正樹君、アメリカの大学を出たんですってね」

「正樹兄さん、東京で働いてるんだね、すごい羨ましいな」

実家に帰ると、両親は僕のことを親戚に自慢していたし、集まってきた人々からも褒められました。妻が言うように、僕は、別に他人に蔑まれるような生き方はしていないのだと初めて実感できたのです。

妻のおかげで、僕はありのままの自分を受け入れることができるようになり、無事に職場にも復帰しました。

現実を否定する生き方は止めましたが、希望は信じています。仕事の傍ら、子どもの教育に関わる支援活動に参加するようになり、退職後になるかもしれませんが、子どもの教育支援を事業化することが、人生の目標になりました。

冒険の人生の着地点

江崎奈央さんと岡本正樹さんは、これまで見てきた高学歴難民に比べ、研究職や法曹といったゴールが明確なわけではありませんでした。若い頃は、敷かれたレールの上を歩くより、行き当たりばったりの人生を楽しんでいたようです。何者でもない時期だからこそ、何者にでもなれるような夢を見られるのでしょう。

しかし年を取るにつれて、現実と向き合わなければならない時期が訪れます。現在、50代の江崎さんの家庭では、母や姉は専業主婦で、身近に働く女性のロールモデルは不在で、自ら生計を立てるという意識はなかったそうです。大学を首席で卒業し、修士号を取得しており、コネで入社した出版社でしたが、高い語学力とセンスが高く評価されていたにもかかわらず、すぐに退社し、その後は夫の収入頼みの生活で、その選択がすべてのトラブルを招いてきました。

江崎さんが自分の人生と向き合うようになったのは、夫がいなくなった40代だと言います。弟も高学歴難民でしたが実家に戻り、大学院で学んだ知識をビジネスに活かし、きょうだいで日本での生活を再スタートさせたのは素晴らしいことです。

ＮＧＯ・ＮＰＯの現場では、海外で学位を取得している人も少なくありません。学歴に見合った収入を得られる国もあるようですが、日本ではまだ社会的に認知されているとは言い難く、組織からの収入だけで生活することは難しいところが多いと思われます。若い頃は体力もあるので、経済的に不安定でもアルバイトなどをしながら、やりがいや夢、理想を追う人もいますが、転職していく人々も多い業界です。

岡本さんは40代で正社員採用となり、難民生活に終止符を打つことができたのですが、この終着点を「行き止まり」と感じ、鬱病を患《わずら》うことになってしまいました。安定した生活だけが幸せとは限らないのかもしれません。

第４章　難民生活を支える「家族の告白」

いつまで支援を続けるのか

難民生活を経て、希望の研究職や文筆業に就くことができた人の中には、家族やパートナーに経済的に支えてもらっていたという人も少なくありません。難民生活の長期化は、本人のみならず、支えている家族にも少なからず影響を与えています。出口を求めて悩んでいるのは、本人だけではありません。

2010年、弁護士志望の30代の法科大学院の学生が、自宅で60代の父親の首を絞めて殺害し、逮捕される事件が起きています。殺害に至った動機は「父親に進路を理解してもらえなかった」と報道されています。30代からの挑戦に、苦言を呈する親も少なくはないでしょう。

難民生活の長期化が、家族の分断や一家離散を招くケースもあります。

本章では、難民生活を支える家族の葛藤に焦点を当て、その本音に迫りたいと思います。

教育投資2000万円、それでも子どもはまだ無職

――田中悦子（60代）

息子は長男で、幼稚園から大学まで私立に通いました。スイミングとか英会話とか、お稽古ごともさせていましたし、当然、塾にも入れていましたから、大学卒業までの教育費だけでも2000万円は超えていると思います。

一般的な家庭より収入は多かったと思うのですが、夫の給料だけで、下に妹もいたのでやりくりは大変でした。無駄なお金ではなかったと思っていたのですが……。

支援も21歳までだと思っていたところが、息子は大学院に進み、まもなく30歳になりますが働く様子はありません。

大学院生活のストレスで鬱になり、精神科に通っていた時期もあったので、急《せ》かすようなことはできないと思いながらも……、親はもう年ですし、正直、心配で仕方ありません。

妹は大学を出てすぐにお嫁に行ったので、仕事はしていないし、うちにお金を入れてくれる子どもはいないんです。夫は退職して、ふたりでのんびりするはずだったの

ですが、息子が働かないので再雇用してもらいました。

息子は学ぶ意欲はあるのですが、働く意欲はないんです。その問題に親が気づくのに時間がかかってしまったんです。最近も、論文が書けなかった「保険」として資格を取っておきたいと言うので、これが最後だと専門学校の学費を出してしまいました。

甘いかもしれませんが、これが最後の援助だから、単なる学びとして終わらせないで、必ず仕事に結びつけるよう息子に言い聞かせました。学ぶことはいいことだと、教育の機会を与えてきましたが、私も働いていませんでしたし、働くことの重要性は教えてこなかったのです。

私は60代からパートですが仕事を始めたんです。息子のためではなく、自分のためです。お金を稼ぐことの難しさとか、大変さとか、もっと早く子どもたちに教えてあげられていたら、彼らにも違った道があったのではないかと……。

親がいろいろ与えすぎてしまうことは、子どもが自分で選択する能力を奪ってしまうことにもなります。子どもの教育に夢中になっているご両親には私たちの失敗を伝えてあげたいです。

教育虐待の末、難民化した息子の顚末

――清水紀子（60代）

あの日、1階の寝室で寝ていた私は、何かが落下する音で目を覚ましました。夜中の3時を回っていたと思います。

電気をつけ、2階にいる息子の様子を見に行こうと階段に行く途中、パソコンが落ちているのに気が付きました。また息子が暴れて、2階から投げ落としたのでしょう。

2階からは、さらに物を破壊するような大きな音が聞こえてきました。私はおそるおそる階段を上り、息子の部屋の扉を開けました。

「陽介？」

振り向いた息子は鬼の形相で、

「あの低学歴のクズが俺を馬鹿にしやがる！　生意気だ！　殺してやろうか！」

と叫びながら物を壁に投げつけたり、カーテンを引き裂いたりしているのです。

「お願い、もう、遅いから止めて、近所に迷惑でしょ！」

私が暴れる息子の身体を抑えると、

「うるせえ！　近所の奴らも馬鹿ばっかりだ！　あいつらに眠る権利なんてない！」

と、今度は窓を開け、

「おい！　能無し家族、目を覚ませ！　クズ！」

などと大声で叫び出したのです。今回ばかりは、息子は気がおかしくなってしまったのかと恐ろしくなり、私は110番しました。

息子は家にある、あらゆるものを破壊していましたが、警察官が来た途端、人が変わったようにおとなしくなりました。警察官は、詳しく事情を聴きたいと息子を警察署に連れて行きました。

しばらくして警察官から連絡があり、息子にインターネットで脅迫されたと訴える人から被害届が出されているというのです。息子は逮捕される見込みだということでした……。

息子の陽介はいわゆる「オーバードクター」で30歳を過ぎていますが、ここ数年はほとんど自宅から出ずに引きこもり状態でした。昼夜逆転の生活で、夜、部屋からよく話し声が聞こえたり、物音がしたりするようになっていました。警察官が家に来たのは初めてではなく、これまでも隣の家の物音がうるさいと家に押しかけたり、家の前を通る子どもがうるさいと怒鳴りつけたり、トラブルを起こすようになっていたんです。

10年ほど前に夫が病死してから、私は次男の陽介とふたりで生活していました。もういい大人ですが、陽介には幼い頃、苦労をさせてしまったので、その分、面倒を見てあげなくてはと思っていました。

医師になった陽介の兄は、すでに結婚して家を出ていました。陽介は幼い頃から兄に劣等感を抱いていましたが、それは、年を取るごとに強くなっているようでした。

原因はすべて、私たちの子育てにあります。夫は子どもの教育に厳しい人でした。いくらお金をかけてもいいから、子どもは必ずいい大学に入れろと言われていました。

夫は貧しい家庭で育ち、高校にすらまともに通うことができず、就職は難しいと判断したため、自ら会社を立ち上げたんです。会社は利益を上げ、おかげで私たちは裕福な生活を送ることができましたが、それでも、夫の学歴コンプレックスは消えず、教育虐待を招いてしまうことになりました。陽介はいつも、

「なんでお前はできないんだ！　本当にうちの子どもか？」

とまで罵倒され、父親に叱られてばかりいました。父親が誕生日やクリスマスのプレゼントを与えるのは成績優秀な兄だけ。陽介は、家族旅行にさえ連れて行ってもらえなかったんです。何もそこまでしなくても……と、私は何度も夫を説得しましたが、聞き入れてはもらえませんでした。

陽介も学校の成績は上位でした。ただ、要領のいいお兄ちゃんは勉強に偏らず、友達も多かったのですが、不器用な陽介はクラスメートから「ガリ勉」とからかわれたり、いじめられることもあって、友達も少なかったようです。

陽介は昔から、勉強は好きだから、極力人と関わらない研究職に就きたいと話していました。難関の有名大学に合格しましたし、順調に行くかと思っていたのですが、私はその辺の事情はよく分からなくて、とにかく生活には不自由させないから焦らなくていいよと話していたんですが……。

息子の気性が荒くなったと感じるようになったのは、インターネットにのめり込むようになってからでしょうか。人と比べられることに物凄く敏感なので、普通の人にとっては何でもない言葉が、あの子にとっては傷になっていたのかもしれません。

陽介が逮捕されてから数日後、釈放されることに私は不安を感じていました。長男は避難するようにと言ってくれましたが、家に火をつけたりして、近所の人にまで迷惑が掛かってはいけないので、私が責任を取ろうと決めていました。

疲れ果てた表情で帰ってきた陽介は、食事も摂《と》らないまま部屋に閉じこもってしまいました。私は一緒に逝こうと、明け方にそっと息子の部屋の扉を開けると、息子は既に息を引き取り、旅立っていたのです……。

生活費も家賃もすべて負担……想定外の無職夫を支える
――高橋怜奈（30代）

夫は大学の同級生で、私は卒業後、民間企業に就職し、彼は国家公務員になりました。彼は、働き出してすぐ仕事を辞めたいと言い出して、1年で退職し、法科大学院に入学して弁護士を目指すことになりました。

結婚したのは25歳の頃、彼はまだ学生でしたけど、25歳くらいには結婚しようとふたりで以前から話していたこともあり、籍を入れたんです。

夫は大学までは一般的にエリートと呼ばれるコースを歩んできましたから、当然、司法試験には合格できると思っていました。会社で出世するタイプではないですが、試験には強かったので、むしろ転職を決めたのは正解じゃないかと思っていたんです。

中学から受験戦争を勝ち抜いてきた夫でしたが、最初の試験は不合格となり、本人も相当ショックを受けたようでした。次こそはと期待しましたが、翌年もその次の年も不合格でした。何回受けても受からないんです……。夫より学歴の低い人でも合格しているのにどうしてなのか……。

夫は専業受験生で、生活費も家賃もすべて私が負担しています。数年は仕方がないと思っていたのですが、お互い30歳を過ぎると不安しかありません。子どもも欲しいと思っていましたが、私が働けなくなったら生活していけないので、しばらくは無理でしょう……。

夫は司法書士や社会保険労務士といった資格にも挑戦しているのですが、まだひとつも合格できていないんです。

今さら、会社には入れないでしょうし、本人は「来年こそ」と言い続けているのですが、何年待てばいいのか……。真面目で優しい夫なので、見捨てるわけにもいかないし、どうすればいいのか、本当に悩んでいます。

「俺を見下してんのか？」就職失敗の苛立ちを妻にぶつける夫

――千葉奈津美（30代）

私の夫は30歳を過ぎていますが、ポスドクで研究職にはまだ就いていません。夫とは高校生の頃から交際していて、一緒に上京して同じ大学に入りました。サークルも一緒で、大学時代の友人は全員、夫の友達でもあります。私たちは大学卒業と同時に結婚しました。私は卒業後、民間企業に就職し、彼は大学院に進学しました。

出身大学のレベルは高かったので、友人は皆、一流企業に入社しています。彼らが出世し、学生時代とは違った生活水準が目に見えるようになる一方、あの頃と変わらない夫だけが取り残されていったのかもしれません。なかなか就職が決まらない夫は、癇癪《かんしゃく》を起こして、家で暴れるようになりました。

大学を卒業してからも同級生たちとはよく飲みに行ってたんです。家に帰ってくると、彼らの仕事の話を聞いて、「あいつはいいよな。俺なんか……」と、落ち込むことが多くなりました。

私は気を遣ったつもりで、

「無理して付き合わなくてもいいんじゃない？」

と言ったんです。すると夫は激怒して、

「無理？　何が無理だよ。なんだおまえ、俺を見下してんのか？」

と、家のものを蹴ったり壊したり……、そんなことがたびたび起こるようになりました。夫は物凄くプライドが高く、友人たちの前では劣等感を絶対に見せません。気分が落ち込む飲み会なんかに行く必要はないのに、「行かなくなると俺が僻《ひが》んでるみたいに思われるのは嫌だから」と、無理をするというか、見栄を張るというか……。

夫とは幼馴染みなので、私は彼の優しさを誰より理解していました。今まで、怒ったりするような人でもなかったのですが、最近、怒り出すと止められなくなってしまうんです。

私は悩んで、大学時代からの夫との共通の友人にすべてを打ち明けました。彼は私の話に驚いていましたが、ポスドクの悲惨な現状を考えれば、夫の気持ちも理解できないわけじゃないと言って、私の立場にも同情してくれました。

「あいつの能力ならまもなく就職も決まるだろうし、いつまでも今のままじゃないから」

という彼の言葉に、私は胸を撫でおろしました。今までひとりで抱えていた胸の内を吐露したことで、随分、心が軽くなるのを感じたのです。ところが、この出来事が最悪の事態を招くことになりました。

「おまえ、あいつに何しゃべったんだ！　奈津美ちゃんに優しくしてやれって説教されたぞ！　何話したか全部言え！」

彼から諭されたことに腹を立てた夫は、怒り狂い私を怒鳴り続けました。それでも、2時間くらいの間でしょうか……夫はひたすら私を罵倒して暴れまわると、いつも突然電池が切れたように部屋に戻り、いびきをかいて寝てしまうのです。

私は次第に夫のパターンに慣れていきました。とにかく、嵐が過ぎるのを待てばい……。そう考えて、耐えるようになったのです。

しかし、次第に体に支障をきたすようになりました。酷《ひど》い耳鳴りと不眠のため、精神科に通うようになったのです。主治医には、「仕事のストレス」と嘘をつき、真相は話せませんでした。

ついに限界を感じた私は、弁護士に間に入ってもらい、しばらく夫と別居をすることにしました。夫ひとりの収入では十分な生活はできません。私が働けない身体になってしまったら、夫を支えていくこともできなくなってしまうので……。

離婚するつもりはありません。私の実家は父が酒乱で、10代の頃、家にいられなくなった私をかくまってくれていたのが彼だったからです。彼を見捨てることはできません。彼が念願のポストを得るまでは、離れて待ちたいと思っています。

家族の犠牲は報われない

前章までにも、子の教育に多額の投資をしていた家族は登場しましたが、見返りを得るどころか、難民の長期化に拍車をかける結果を招いていました。経済的に余裕ある環境で研究や勉強に専念できるのはいいことですが、むやみにお金をかければ目標を達成できるというわけではありません。

就職するのは本人であって、家族ではありません。家族の協力は、本人の努力があって初めて実を結びます。家族が本人のためにいくら努力したからといって、成功できるかどうかはあくまで本人次第です。

だからこそ、高学歴難民の家族に振り回されることなく、本人が描いてきた計画を実行することを考えるべきです。

難民生活が長期化すればするほど高齢になり、就職の選択肢は少なくなるでしょう。大切な人が社会的に不利な状況に陥るほど「見捨てられない」「自殺してしまうかもしれない」「悪いことにでも手を染めたら」という不安から、支援を断ち切れないという悩みも多く聞きます。だからと言って、支援を続ければ、いつか希望の職に就くことができる保証などないのです。

一流大学を卒業していれば、大学の友人で、安定した生活を手に入れている人は多いだろうし、劣等感を抱いてしまう気持ちは理解できなくはないですが、その苛立ちを身近な人にぶつけていいはずはありません。暴力や暴言を許容することは、清水紀子さんのケースのように、家庭内暴力が犯罪へと発展し、さらなる被害を生むことにつながります。自分だけ我慢すれば済む話ではないと言えます。

難民生活はいつまで続くのか——。支える家族が最も聞きたいことであると同時に、本人との間ではタブーになっている話題であり、難民生活が長期化すればするほど、触れにくくなるようです。

序章で登場した、生活苦ゆえに振り込め詐欺に手を染めた佐藤孝志さんは、

「言うは一時の恥、言わぬは一生の罪」

と、タブーを破り、家族で問題を共有することが事件を防ぐと強調しています。難民生活をいつまで支えるのか、その限界について、率直に本人と話し合わなければならないでしょう。

前章の事例でも紹介したように、難民生活の末、幸せな人生を手に入れた人々も数多く存在します。幸せを手に入れた人たちは皆、与えられたものに甘んじることなく、自ら求め、行動した人たちです。

第5章　高学歴難民が孤立する構造

突き付けられる自己責任

ここまで紹介してきた事例では、大学院入学の選択が難民化の分岐点になっているようです。進学理由は、「社会を変えたい」といった高い志からというより、「就活のタイミングを逃した」「就職試験に落ちた」といったモラトリアムとしての大学院生活が主たる目的だと語っている人は少なくありませんでした。そんな不純な動機だから難民化するのだと世間様からお叱りを受けそうですが、長期の大学院生活を経て研究職に就いている人の中にも「会社員になりたくなかった」「まだ働きたくなかった」など、社会に出る準備ができていないために大学に残ったという人もいます。

行き当たりばったりの選択が必ずしも難民化を招くわけではありません。家庭の事情や体調の変化、人間関係のトラブルなど、綿密な計画を立てていたとしても、さまざまな要因から計画が狂うことはありうるのです。

一流大学でいくつもの学位を取得しながら、１０００万円の借金返済のためにフリーター生活を続ける博士課程難民の栗山悟さんは、行く先々で嘲笑の的となり、貧困から抜け出したいと参加したグループでは、実家で衣食住に窮することのない生活状況を、甘えていて情けないと非難され、学歴がなくとも、著書を持ち、既に一定の社会的影響力を有する活動家からは、大学院生活という十分な時間と機会を与えられていたにもかかわらず、自分の足元にも及ばない存在だと侮辱されます。

「落ちるに落ちられない、上がるに上がれない」という栗山さんの嘆きは、社会的弱者として救済される権利も、社会人として自立した生活を送る権利も自分には与えられていないという絶望を感じます。

虐待や貧困など、自分では選択できない環境によって教育の機会を奪われている人々にさえ自己責任論が突き付けられ、救済が後回しにされている現在、高学歴難民の事情まで汲み取ることができる人はそう多くはないでしょう。

高学歴難民同士が悩みや情報を共有し、難民生活を共に支えあうコミュニティが必要だと考えます。

中年男性高学歴難民の前科者より厳しい就職事情

高学歴難民が社会的に孤立する要因として、連帯することの難しさがあると思われます。とりわけ、男性難民は学歴のプライドに加え、男としてのプライドの高さが連帯を妨げ、孤立を招いていると感じます。プライドが高いというのは、裏を返せば自己肯定感が低いのです。現状を周囲に知られたくないゆえに、遠方にまで移住する人も少なくなかったのです。元々、集団生活に馴染まない人も多く、他のマイノリティのように、連帯を呼び掛けたり、高学歴難民としてアクションを起こしたりする人はなかなか出てこないのかもしれません。

法曹難民の相澤真里さんや井上俊さんのように、結婚がエスケープルートになるケースも多々あります。専業主婦を選択した相澤さんのような女性は珍しくない一方で、法曹資格を取得した妻の下で働く井上さんのような男性への評価は厳しく、井上さんの60代の両親は、世間体が悪いと未だに転職を進めてくるそうです……。

秋篠宮ご夫妻の長女・眞子さんの夫・小室圭さんも米国の司法試験に合格するまで

「ロイヤルニート」などと揶揄され、激しいバッシングに晒されていました。

それでも井上さんは、他人に陰で何を言われようが、安定した給料を得、パートナーと共にいる人生の方が、高学歴難民より何倍も幸せだと主張しています。

年齢が上がれば上がるほど、女性に仕事を世話されたくはないと拒絶反応を示す男性難民は多いです。しかし、若い頃より、就職の選択肢が減るのは、年齢が上がってからです。友人にも恋人にも頼ることができず、親も高齢化している中年男性高学歴難民が最も孤立しやすく、エスケープルートが見つけにくいと言えます。

私は、刑務所出所者の就労支援も行っていますが、より就労のハードルが高いのは、圧倒的に、中年男性高学歴難民です。会社が嫌がる理由は、肉体労働が続かない、事務処理能力が低い、コミュニケーションができず独断で進めてしまう、相手にミスがあれば過剰に責めるなど、こうした特徴は、加害者となった高学歴難民の事例からも読み取ることができるでしょう。

昼夜逆転の生活に慣れた高学歴難民に関して、規則正しい生活を送ってきた出所者より集中力に欠けると指摘されたことがあります。就労意欲も高いとは言えず、最も就職が難しい人々かもしれません……。

憧れの高学歴難民

ここからは少し、私の体験を書きたいと思います。私は1977年に宮城県仙台市で生まれています。私には、13歳の頃に出会って以来、ずっと人生の目標としている人がいます。「先生」と呼んでいたその男性はよく、自分を「高学歴難民」だと自嘲していました。

当時の私は幼すぎて、その悩みの深刻さを理解できませんでしたが、先生の体験は、今まで出会ってきた高学歴難民の中で最も過酷だと記憶しています。

そして、私が今でも世界で最も尊敬する人物は、学者でも作家でも著名人でもない、高学歴難民の先生です。

先生に惹かれた理由は、誰とも違う雰囲気を感じたからです。しかし、余裕にさえ映っていたその暮らしぶりは、砂上の楼閣でした。先生には遺産のように自由に使える財産があったわけではなく、生活費はすべて家族に管理され、誰にも縛られず、自由に見えていた人生は、裏ではすべて家族に支配されていました。

先生は、１９５０年に在日韓国人として神奈川県で生まれたと聞いています。父親は、会社を経営していましたが、経営が安定するまで家庭は経済的に不安定で、生活に困窮した時期もありました。家族は全員、中卒で、学歴に価値を置かない家族でした。借金が膨らみ、家族が夜逃げしなければならなくなった時、先生は知人の外国人の老夫婦に預けられることになってしまいます。

生まれた家庭には本などありませんでしたが、一時的に養育してもらった老夫婦は教育熱心でたくさん本や辞典などを買い与えてもらったことから勉強が好きになり、英語も身につけることができました。家族からは中学を卒業したら実家を手伝うように言われてきましたが、進学したいと思うようになりました。しかし、傾きかけていた父親の会社は持ち直し、会社を手伝うようにと実家に連れ戻されることになります。学校の先生の勧めもあって、なんとか高校進学は許されたのですが、大学進学については絶望的でした。

先生が高校生になった頃、父親の会社の経営は、先生の兄である長男に任されるようになりました。先生は長男と年が離れていて、母親は先生が産まれてから体調を崩して入院を繰り返すようになり、まもなく亡くなりました。先生は長男から、母親が亡くなったのはお前のせいだと責められ、時に暴力を振るわれました。大学に行きたいなどと言えば、長男に何をされるかわからない家庭だったのです。

ところがある日、長男は、父親の再婚相手の息子で、義理の弟と口論になり、弟を刺し殺してしまったのです。長男は刑務所で服役することになりました。長男不在の間、会社や家庭の事件は、継母が握ることになりました。先生は継母に溺愛され、性的な行為を強要されることもありました。

継母は、長男が服役している間であれば、大学でも留学でも好きにして良いと、学費を援助してくれると言いました。しかし、父親からは一流大学に合格するようにとの条件が出され、一浪の末、進学することができました。大学院に進み、海外留学していた頃、長男の出所に伴い帰国を命ぜられ、留学の費用は断たれてしまいました。東京で会社を始めた長男から、東京を出ていくようにと命じられ、高学歴難民として地方をさまようことになったのです。

先生は学習塾や英会話学校で非常勤講師を務めることもありましたが、基本的に生活費は家族の仕送りでした。継母は、先生を支配しておくために自立してほしくなかったのです。知人の伝で就職したこともありましたが、そのたびに家族は会社に嫌がらせをして退職せざるを得なくなりました。結婚も同様の手段で破談にされています。

それでも、長男の会社でこき使われるよりは、地方での難民生活を選んだのです。

何のために学ぶのか

「どうして高校に行くの？」

真顔でそう尋ねる先生に、私は変なことを聞く人だと首を傾げました。理由はただひとつ、皆が行くからです。さすがに、高校受験をしないという人は周りにいませんでした。

「皆と同じでいいの？」

そう詰め寄られても……、私は返す言葉もありませんでした。

私は小学生の頃から、文章を書くことが一番好きでした。表彰されることも多く、夏休みに入ると、今年はどんなテーマで書こうか、本は何を読もうか、いつもワクワクしながら「研究ノート」を作成していました。この作業は、現在でも続いています。

私の両親はふたりとも大学を出て、仕事を持っていました。祖母も教師をしており、当時の女性としては珍しく大卒でした。私も当然、どこかの大学は卒業して働くのだと漠然と考えていました。

家族は皆、読書家で家にはたくさんの本がありましたが、学校の成績にうるさい家族ではありませんでした。家族からプレッシャーをかけられるようなことはなく、同世代の男の子たちが少しでもいい大学を出ていい会社に入ろうと、死に物狂いで受験勉強を戦っている一方、私は競争には無関心でした。

先生と出会ったことで、私には義務としての教育以外に、学ぶ意味が生まれました。何のために学ぶのか――。それは先生のように、他者に気づきを与える人になりたいと思ったからです。まずは、先生とそつなくコミュニケーションが取れるように、私はさまざまな新聞を読み、先生の好きな岩波文庫を読み漁るようになりました。その甲斐あって作文は上達し、洞察力や文章センスを先生から褒めてもらえるようになりましたが、学校の勉強とは直接関係がないので、学校の成績は下がっていきました……。

社会活動に取り組むベースとなる経験を積んだのもこの時期です。先生は、私にいろいろな分野の社会活動家や専門家から話を聞く機会を作ってくれました。私は彼らの経歴や行動力に「凄い」としか反応できませんでしたが、

「凄いように見えて無難なことをしてるだけ」

と評価はいつも辛口で、既存のあらゆる団体、専門家を辛辣に批判していました。

「支援の網の目からこぼれる人々の支援」は私の生涯の課題となりますが、救済を求めていたのは先生自身だったということに気がつくのは、何年も後になります。

ただの難民と高学歴難民

私が中学を卒業する頃、先生は家族からの援助を打ち切られることとなり、難民生活は終わりを迎え、その後の消息は不明のままです。

私は仙台市内の私立高校を卒業し、明治大学短期大学に入学し、筑波大学社会学類に編入学、同大学を卒業します。私は小学生の頃から大学での専攻は文学と決めていましたが、先生の影響で法律を学ぶようになりました。

上京し、ふたつの学校を卒業して経験や人脈も増え、選択肢も増えたと感じる一方、最終地点が見えなくなっていました。

アルバイト先の学習支援塾は、まさに、高学歴難民の、高学歴難民による、高学歴難民のための職場でした。

ここで、学士号しか持たないただの難民の私は最下位カーストで、ほかの皆は大学のレベルはともかく、複数の修士号や博士号を取得していました。

事業目的は、受験勉強のサポートと不登校の子どもたちの学習サポートでしたが、講師のスキルは低く、就職先が決まればすぐやめてしまうので、利用者に対して非常に無責任で、保護者たちからのクレームが多い職場でした。経営が上手くいっているはずはなく、案の定、数年で解散です。

私はここから放り出された引きこもりの利用者たちを個人で支援していくことになりました。

ここで出会った高学歴難民からは知性も教養も感じられず、あらゆる面から信頼できない人々という印象しかありませんでした。

それでも、ただの難民の私にとっては高学歴難民を羨ましく感じ、進学はしたいと考えるようになりました。しかし、私が実現したいと考える目標に合致した進学先が、なかなか見つからなかったのです。

私は現在、加害者家族の支援活動をしていますが、加害者家族が抱える悩みは多岐にわたり、ひとつの分野の専門家だけでは、彼らの困りごとに十分な対応をすることはできません。当団体は、法律家、心理の専門家、福祉の専門家の他、転居・家の処分の相談を受ける不動産業者など、必ずしも何らかの専門を有している人に限らず、いろいろな人が関わり、助言、支援をすることで加害者家族を回復に導きます。

加害者家族の問題に限らず、私たちが日常で抱えるトラブルや悩みは、ひとつの分野で解決できるほど単純ではありません。専門家の養成課程は、各専門家が収入を得られるようになるための教育であって、大学教育は社会の問題解決に直結した内容にはなっていません。

私は日本の社会的弱者・少数者の課題解決に即した、さまざまな専門家から構成される組織を自ら立ち上げるしかないというところまで結論が出ていましたが、仲間をどう集めるのかというところで躓いてしまいました。

「何かあれば声かけてね」

と友人たちは応援してくれましたが、20代も後半になり、皆は家庭を持ったり、仕事が忙しくなる時期、経済的にも精神的にも余裕がある人などいません。そもそも、「友人」と一緒に仕事をしていくのはどうなのか……。

私は、引きこもりの学習支援と同時に、外国人留学生の高学歴難民たちを集め、国際理解教育を踏まえた英会話教育を実施する活動も始めていました。英会話学校で採用される講師は白人が多く、他の留学生たちはどれだけ優秀でも、時給の低いアルバイトしか見つけることができなかったからです。活動が軌道に乗りかけた頃、主要なメンバーの留学生が帰国しなければならなくなり、グループは解散となりました。学習塾の件もあり、設立に至っても、すぐに解散してしまうような組織にはしたくないと考えていました。

私は東京での難民生活に終わりを告げ、地元仙台に戻ることにしました。

加害者家族との出会い

２００７年、私は東北大学大学院法学研究科に入学しました。法学研究科は法科大学院とは異なり、研究者養成課程ですが、公務員や法曹の実務家も入学しています。翌年、同大学の大学院生や研究者と人権ＮＰＯワールドオープンハートの設立に至ります。

定款の目的は、「日本におけるあらゆる支援の網の目からこぼれる人々の調査、研究、支援」であり、どういった人々に支援が行き届いていないのかを見つけることが、在籍中の課題となりました。

そして調査を進めていく中で、「加害者家族」という存在に出会うことになります。2008年12月から加害者家族支援を開始し、当団体は、加害者家族支援団体として社会的に認知されるようになりました。

2008年は、この活動が誕生・発展するために重要な年でした。2004年に犯罪被害者等基本法が制定され、長らく置き去りにされてきた犯罪被害者に、ようやく司法的救済の道が開かれ、全国的な支援体制が敷かれるようになりました。

ワールドオープンハートの加害者家族支援が新たな動きとして報道各社に取り上げられるようになった背景には、被害者支援が立法化され、支援が進んだことが大きいと考えられます。2004年前後、個人レベルで行われていた加害者家族支援につながる動きは、すべて組織化に至る以前に消滅していました。ある報道関係者は、被害者支援が立法化され、ある程度進展した段階でなければ、加害者側の支援を真正面から取り上げることに抵抗を感じるメディアが多かったのではないかと分析しています。

さらに、2009年から裁判員制度が始まりました。歴史的な司法改革に向けて、被疑者・被告人（加害者）の人権、更生について再検証しようとするメディアも増え、加害者家族支援にとって追い風となりました。2008年はベストなタイミングであり、難民生活も無駄ではなかったと感じました。

私は、誰も歩いたことのない道を開拓したいと思い続けてきました。それだけに、迷っても、行き詰まっても、誰に相談してもピンとくる答えは得られませんでした。暗闇の中で一筋の光となったのは、高学歴難民の先生の存在です。先生との出会いが原点なのです。

目的が達成されないまま時間が過ぎていくと、本来、何をするためにここにいるのかさえわからなくなってしまうことがあります。行き止まりだと感じたら、来た道を戻ってみることも大切です。

加害者家族と高学歴難民

日本の加害者家族の実情を見ていくと、海外の先行研究からは予測できない実態が明らかになってきます。

犯罪者が生まれる家庭の貧困層の割合は高いようですが、我々が支援してきた加害者家族の中には、高学歴で社会的地位が高い人も少なくありません。事件後、世間からバッシングされ、失うものが多いのはむしろ、一定の社会的地位を有する人々です。

ある有名大学の大学生が、「人が死ぬ瞬間を見たかった」という理由で知人を殺害した事件がありました。加害者は、人を殺すことに異常な関心を示しており、猟奇的な事件として注目されました。

加害者の両親は、ふたりとも有名大学を卒業し、博士課程まで進学しています。母親は就職していますが、父親は難民のまま就職が決まらず、実質、無職でした。親族によれば、父親は希望の職に就くことができなかった挫折を、子どもをエリートに育てることで埋め合わせようと、子どもにかなりのプレッシャーをかけており、子どもは息苦しさを感じていたようでした。

いわゆる「教育虐待」をする親たちの中には、学歴コンプレックスを抱えている人が多く存在します。本書の事例にも登場していますが、学歴がないために出世できなかったり、苦労したりした経験を持つ人は、子どもに同じ思いをさせたくないという思いが先走り、子どもの意志に反した進路設定や過剰な教育を強いることがあります。自分に学歴がない場合だけでなく、配偶者に学歴がないことへの不満を子どもの教育で解消しようとするパターンもあります。いずれにせよ、学歴がないことの不利益が虐待を生んでいますが、学歴があるにもかかわらず、学歴に見合った社会的地位を得ることに失敗した高学歴難民としてのコンプレックスも虐待の要因になりうるといえます。

私はこれまで、500件以上の殺人事件の家族の相談を受けていますが、とりわけ、猟奇的殺人が起きた家族が高学歴、または非常に教育熱心だったというケースがいくつかありました。

猟奇殺人と高学歴難民

2023年5月放送の、NHKドキュメンタリー「事件の涙」は、1981年に世界を震撼させたといっても過言ではない歴史的猟奇殺人「パリ人肉事件」の犯人・佐川一政氏の加害者家族のインタビューを放送しています。私は加害者家族支援の立場で、若干ですが取材協力させていただいたことから、「パリ人肉事件」を調べてみました。

犯人の佐川一政氏は、日本の大学を卒業後、大学院で文学の修士号を取得し、パリの大学でも修士号を取得しています。そして、引き続きパリに留学中に事件を起こしたのです。経歴からすれば、まさに着地点が見えない高学歴難民です。

佐川氏は、身長150センチほどで体重は40キロ弱。日本人の平均からしても非常に小柄です。虚弱体質ゆえに、両親は彼が何歳まで生きられるかわからないと、かなり過保護に育てたようでした。しかし、佐川氏が亡くなったのは73歳です。

心神喪失で無罪となり、帰国した佐川氏に、日本のメディアは飛びつきました。その後、佐川氏は作家として数々の本を出版しています。

人の肉を食べる「カニバリズム」という猟奇性にばかり世間は注目しましたが、私は時間、体力、能力を持て余していたであろう30代の高学歴難民の佐川氏に事件の重要な手掛かりがあるのではないかと考えました。

体力の問題から、一般的な会社勤めは難しいかもしれませんが、事件後にいくつもの本を出版していること考えれば、作家や研究者として身を立てることは十分あり得たはずです。財力のある家庭ゆえに、虚弱体質の息子を守りすぎたことは、自立を妨げる結果を招いていると思われます。

何者なのか判然としない小柄な日本人中年男性が、パリで人気を集めるとは思えません。差別的な対応をされることもあったでしょうし、女性に対して並々ならぬ劣等感を抱いていたとしても不思議ではありません。

しかし、事件前、佐川氏が作家や研究者という肩書きを有していたならば、社会的評価も変わり、内に秘められた異常性は封印されたまま、現実になることはなかったかもしれません。高学歴難民の苦しみの根源は、社会的な役割がないことです。多くの事件に接すれば接するほど、社会的な身分の獲得は、犯行の歯止めになりうると痛感しています。

高学歴コンプレックス

本書の事例を通して、まず驚いたことと言えば、有名進学校、難関大学卒業という高学歴難民たちの学歴の高さです。現在、名の知れた大学で研究職に就いている人々でも、そこまで学歴が立派とは限りません。

出世街道まっしぐらの友人との格差を感じ、現状を知られたくないという感情は理解できますが、あらゆる業界で活躍する人材を輩出する大学を出ているならば、困ったときこそ、その人脈を利用すればよいのではないかと思いました。人脈をフル活用すれば、いろいろな道が開けるのではないかと感じます。

私は学歴社会の日本に生まれ、高学歴の人々と仕事をする機会も多く、決して学歴に価値を置かないわけではありませんが、学歴から推測できるのは、学力や専門性であり、人間性までは判断できません。

学歴はなくとも事業に成功し、社会的な影響力を得ている人々もいます。作家や評論家として活躍している人々が必ずしも高学歴とは限りません。実績で成功を収めた人々は、学歴止まりで実績のない人より、確実に社会的に評価されます。この現実が、痛いほど身に染みているからこそ、高学歴難民は辛いのです……。

本書の各事例を見る限り、学歴のない人の学歴コンプレックスより、高学歴難民の高学歴コンプレックスの方が重症かもしれません……。

研究は、大学機関に所属しなければできないことではありません。○○研究所といった会社を設立して研究する人々もおり、就職先がないのであれば、自ら作るしかありません。

私は民間企業が募集している研究助成に応募し、国内外の加害者家族の調査を行い、本も何冊か出版してきました。

困っている人はたくさんいます。多くの人にとって、おそらく加害者家族の存在など、どうでもいいことかもしれません。だからこそ、日々、いろいろな場所に出向き、加害者家族の現状と支援の必要性について訴え続けています。

重要性が認識されず、軽視されている研究分野も多々あるでしょう。誰かが光を当ててくれるのを待つのではなく、まず、その研究をしているあなたが、研究の意義を社会に訴えてください。寄付が集まるかもしれません。あなたの価値を、あなた自身で社会にアピールし続けてください。ＳＮＳ、ＹｏｕＴｕｂｅ……、方法はたくさんあるはずです。

「どうせおまえたちなんかに俺の価値はわからないだろう……」と社会に背を向けている人を、誰が助けたいと思うでしょうか。幸せを手に入れた高学歴難民に共通することは、人との出会いを大切にし、行動し続けたことです。

自ら行動を起こし、未来を切り拓いてください。

おわりに——人を馬鹿にしてはいけない

世の中には、成功者の言葉ばかりが溢れていますが、私はむしろ苦難の真っ直中にいる人々から発せられる言葉の方が胸に迫るものがあり、岐路に立たされた時、役に立つと考えています。

本書は、希望の職に就けないまま漂流する人々に焦点を当てましたが、ポストを得ても、ハラスメントに遭うなどの理由で仕事を転々とする人々も存在します。本書では敢えて言及していませんが、研究現場でのいわゆる「アカデミック・ハラスメント」は深刻で、高学歴難民を生む要因のひとつという意見も出ていました。昨今、スポーツ界や芸能界といった特殊な世界でまかり通ってきた加害行為が、次々と明るみに出ていますが、いずれ研究現場にも本格的にメスが入るのではないかと思われます。そうなれば、加害者の中には職を追われる人々も出てくることになります。高学歴難民の皆さんにぜひ、革命を起こしてほしいです。

先生と呼ばれる職業の人がいますが、尊敬に値するか否かは、職業からだけでは判断できません。先生と呼ぶべき人は、職業にかかわらず、社会にたくさん存在します。

実は高学歴という人が、意外なところで仕事をしているかもしれません。肉体労働の現場にも高学歴の人はいます。あなたが憧れ、受験に失敗した大学を卒業しているかもしれません。あなたを接客したセックスワーカーも、あなたが卒業した大学の教授たちよりレベルの高い大学の出身かもしれないのです。

人を侮ることなかれ。馬鹿にした相手から、密かに馬鹿にされているかもしれません。

生きる意義を与えてくださった加害者家族の皆様、日頃から、加害者家族支援に協力していただいている皆様、いつも応援してくださっているフェイスブックのグループの皆様、そして、赤裸々に体験を告白してくださった皆様と、本書出版の機会を与えていただいた編集者の佐藤慶一さんに心より感謝申し上げます。

本書が暗闇の中にいる人々にとって、一筋の光となりますように。

講談社現代新書　2722

高《こう》学《がく》歴《れき》難《なん》民《みん》

二〇二三年一〇月二〇日第一刷発行　二〇二四年三月八日第六刷発行

著者　阿《あ》部《べ》恭《きょう》子《こ》　© Kyoko Abe 2023

発行者　森田浩章

発行所　株式会社講談社

東京都文京区音羽二丁目一二―二一　郵便番号一一二―八〇〇一

電話　〇三―五三九五―三五二一　編集（現代新書）

〇三―五三九五―四四一五　販売

〇三―五三九五―三六一五　業務

装幀者　中島英樹／中島デザイン

印刷所　株式会社ＫＰＳプロダクツ

製本所　株式会社ＫＰＳプロダクツ

定価はカバーに表示してあります　Printed in Japan

N.D.C. 360　188p　18cm

ISBN978-4-06-533086-9

「講談社現代新書」の刊行にあたって

教養は万人が身をもって養い創造すべきものであって、一部の専門家の占有物として、ただ一方的に人々の手もとに配布され伝達されうるものではありません。

しかし、不幸にしてわが国の現状では、教養の重要な養いとなるべき書物は、ほとんど講壇からの天下りや単なる解説に終始し、知識技術を真剣に希求する青少年・学生・一般民衆の根本的な疑問や興味は、けっして十分に答えられ、解きほぐされ、手引きされることがありません。万人の内奥から発した真正の教養への芽ばえが、こうして放置され、むなしく滅びさる運命にゆだねられているのです。

このことは、中・高校だけで教育をおわる人々の成長をはばんでいるだけでなく、大学に進んだり、インテリと目されたりする人々の精神力の健康さえもむしばみ、わが国の文化の実質をまことに脆弱なものにしています。単なる博識以上の根強い思索力・判断力、および確かな技術にささえられた教養を必要とする日本の将来にとって、これは真剣に憂慮されなければならない事態であるといわなければなりません。

わたしたちの「講談社現代新書」は、この事態の克服を意図して計画されたものです。これによってわたしたちは、講壇からの天下りでもなく、単なる解説書でもない、もっぱら万人の魂に生ずる初発的かつ根本的な問題をとらえ、掘り起こし、手引きし、しかも最新の知識への展望を万人に確立させる書物を、新しく世の中に送り出したいと念願しています。

わたしたちは、創業以来民衆を対象とする啓蒙の仕事に専心してきた講談社にとって、これこそもっともふさわしい課題であり、伝統ある出版社としての義務でもあると考えているのです。

一九六四年四月　野間省一

政治・社会

1145 冤罪はこうして作られる　小田中聰樹
1201 情報操作のトリック　川上和久
1488 日本の公安警察——青木理
1540 戦争を記憶する——藤原帰一
1742 教育と国家——高橋哲哉
1965 創価学会の研究——玉野和志
1977 天皇陛下の全仕事——山本雅人
1978 思考停止社会——郷原信郎
1985 日米同盟の正体——孫崎享
2068 財政危機と社会保障——鈴木亘
2073 リスクに背を向ける日本人　山岸俊男 メアリー・C・ブリントン
2079 認知症と長寿社会——信濃毎日新聞取材班
2115 国力とは何か——中野剛志
2117 未曾有と想定外——畑村洋太郎
2123 中国社会の見えない掟　加藤隆則
2130 ケインズとハイエク　松原隆一郎
2135 弱者の居場所がない社会　阿部彩
2138 超高齢社会の基礎知識　鈴木隆雄
2152 鉄道と国家——小牟田哲彦
2183 死刑と正義——森炎
2186 民法はおもしろい——池田真朗
2197 「反日」中国の真実——加藤隆則
2203 ビッグデータの覇者たち——海部美知
2246 愛と暴力の戦後とその後——赤坂真理
2247 国際メディア情報戦——高木徹
2294 安倍官邸の正体——田﨑史郎
2295 福島第一原発事故7つの謎　NHKスペシャル『メルトダウン』取材班
2297 ニッポンの裁判——瀬木比呂志
2352 警察捜査の正体——原田宏二
2358 貧困世代——藤田孝典
2363 下り坂をそろそろと下る　平田オリザ
2387 憲法という希望——木村草太
2397 老いる家　崩れる街　野澤千絵
2413 アメリカ帝国の終焉　進藤榮一
2431 未来の年表——河合雅司
2436 縮小ニッポンの衝撃　NHKスペシャル取材班
2439 知ってはいけない——矢部宏治
2455 保守の真髄——西部邁

経済・ビジネス

350 経済学はむずかしくない〈第2版〉──都留重人
1596 失敗を生かす仕事術 畑村洋太郎
1624 企業を高めるブランド戦略──田中洋
1641 ゼロからわかる経済の基本──野口旭
1656 コーチングの技術──菅原裕子
1926 不機嫌な職場──高橋克徳 河合太介 永田稔 渡部幹
1992 経済成長という病──平川克美
1997 日本の雇用──大久保幸夫
2010 日本銀行は信用できるか 岩田規久男
2016 職場は感情で変わる 高橋克徳
2036 決算書はここだけ読め！──前川修満
2064 決算書はここだけ読め！キャッシュ・フロー計算書編 前川修満

2125 ビジネスマンのための「行動観察」入門 松波晴人
2148 経済成長神話の終わり アンドリュー・J・サター 中村起子 訳
2171 経済学の犯罪──佐伯啓思
2178 経済学の思考法──小島寛之
2218 会社を変える分析の力 河本薫
2229 ビジネスをつくる仕事 小林敬幸
2235 20代のための「キャリア」と「仕事」入門──塩野誠
2236 部長の資格──米田巖
2240 会社を変える会議の力 杉野幹人
2242 孤独な日銀──白川浩道
2261 変わった世界 変わらない日本──野口悠紀雄
2267 「失敗」の経済政策史 川北隆雄
2300 世界に冠たる中小企業 黒崎誠

2303 「タレント」の時代──酒井崇男
2307 ＡＩの衝撃──小林雅一
2324 〈税金逃れ〉の衝撃 深見浩一郎
2334 介護ビジネスの罠──長岡美代
2350 仕事の技法──田坂広志
2362 トヨタの強さの秘密 酒井崇男
2371 捨てられる銀行──橋本卓典
2412 楽しく学べる「知財」入門──稲穂健市
2416 日本経済入門──野口悠紀雄
2422 捨てられる銀行2 非産運用──橋本卓典
2423 勇敢な日本経済論──髙橋洋一 ぐっちーさん
2425 真説・企業論──中野剛志
2426 東芝解体 電機メーカーが消える日 大西康之